河北省中国特色社会主义理论研究基地资助项目（河北农业大学）

河北省高等学校人文社会科学重点研究基地资助项目

河北农业大学自主培养人才科研专项基金(批准号:PY2021009)资助项目

中韩首都
功能定位与首都圈建设比较研究

闻竞 李文静 孙继芳 著

天津出版传媒集团

天津人民出版社

图书在版编目（CIP）数据

中韩首都功能定位与首都圈建设比较研究 ／ 闻竞，
李文静，孙继芳著. -- 天津：天津人民出版社，2023.3
ISBN 978-7-201-18987-1

Ⅰ．①中… Ⅱ．①闻… ②李… ③孙… Ⅲ．①城市建
设-对比研究-北京、首尔 Ⅳ．①F299.271
②F299.312.6

中国版本图书馆CIP数据核字(2022)第213003号

中韩首都功能定位与首都圈建设比较研究
ZHONGHAN SHOUDU GONGNENG DINGWEI YU SHOUDUQUAN JIANSHE BIJIAO YANJIU

出　　版	天津人民出版社
出 版 人	刘　庆
地　　址	天津市和平区西康路35号康岳大厦
邮政编码	300051
邮购电话	(022)23332469
电子信箱	reader@tjrmcbs.com
责任编辑	武建臣
装帧设计	汤　磊
印　　刷	天津海顺印业包装有限公司
经　　销	新华书店
开　　本	710毫米×1000毫米　1/16
印　　张	14
插　　页	2
字　　数	210千字
版次印次	2023年3月第1版　2023年3月第1次印刷
定　　价	79.00元

序 言

　　本书是我的学生闻竞博士在其学位论文的基础上修改,李文静、孙继芳两位同志参与后期撰写工作,共同努力完成的成果。研究的目标是基于解决首都北京面临的"大城市病"和京津冀协同发展战略的需要,从国际关系的专业背景出发,以跨学科的交叉综合研究视野,借鉴功能主义和国别政治比较中的结构-功能主义理论框架,将"扩展""外溢""交往""结构""功能"等核心概念和变量运用到研究分析之中。作者在坚持辩证唯物主义和历史唯物主义的基础上,从世界主要国家首都和首都圈建设情况开始,探讨作为首都城市应当具备的功能,提出问题和假设,通过推导和分析,得出具有可操作性的结论,再在结论的基础上,以首都功能定位为分析重点,用北京和首尔的实例,讨论首都核心与非核心功能,在逻辑上形成了事实的归纳和理论的演绎。最后,作者以中韩两国的首都功能规划和非首都功能疏解的实际情况作比较,寻求个性与共性,总结其中的重要规律,为京津冀协同发展提供可资借鉴的经验。

　　通过理论分析和国别政治比较研究,作者得出三点结论:第一,多数首都是属于多功能与衍生功能聚集型首都,政治功能是首都最为核心的功能,安全(国防)和国际交往(外交)功能是次核心功能,其他诸如经济、文化、教育等功能都可以作为非首都功能进行疏解;第二,首都圈是首都功能辐射的范围,首都圈建设应该是更高一层的实践平台,因为它既可以治理首都的城市病,还能带动整片区域经济和社会的共同发展,创造多赢的局面;第三,当今世界主要国家的经验证明,政府需要正确定位首都功能,迁出非核心功能到首都圈,以及其他备选迁入地,以顶层设计带动首都圈地区乃至国内的经济和社会均衡发展。

在研究过程中,作者主要选取的研究角度还是国际关系中的国别政治比较,也涉及区域经济和行政管理的部分领域。但是中韩首都和首都圈之间的对比是用当代比较政治学的世界视野进行研究,学科属性是政治学中的国别政治和中外政治制度比较,是一种典型的以政治学为主的分析,而非经济学或管理学为主的分析。因此,本书并不是单纯的京津冀协同发展战略研究,而是从国别政治比较的角度,以韩国为比较对象,从政治决策和政策施行上为首都北京和京津冀协同发展提出建议的基础性研究。研究的分析框架是政治学的理论,方法是政治比较和政策史鉴,这些是本书的重要创新。

中韩首都与首都圈情况有诸多相似之处,具有一定的可比性,且韩国在此方面起步较早,有许多经验值得学习。例如顶层设计、法律法规体系建设、城际便捷交通、新城扩展等。本书通过比较研究,针对我国首都圈地区的京津冀协同发展战略,提出了三点建议:首先,国家要巩固现有优势,坚持顶层设计和统筹协调;其次,各级政府要着重做好产业规划和布局,发挥城市个性优势,实现错位发展;最后,中央和地方政府要在挖掘河北潜力方面多下大功夫,正确定位,重点突破,用好河北的后发优势,实现跨越式发展。

本书可以算作对首都区域建设国别比较的"抛砖工作",希望今后能够有更多的"珠玉"产生,也预祝本书的作者们在今后的科研上能够再上一层楼。

是为序。

中国社会科学院亚太与全球战略研究院 二级研究员

中国社会科学院大学马克思主义学院　博士生导师

南开大学·中国社会科学院大学 21 世纪马克思主义

研究院马克思主义民族问题研究中心主任

2023 年 3 月 10 日

目录
CONTENTS

绪　论

　　"比较是一切人类思维的根本……它是人文与科学方法的方法论核心……比较本国和其他国家的经验,深化了我们对本国各种制度的理解。"①韩国是中国的邻国,同为东北亚国家,两国在文化背景、历史遭遇、首都情况等方面有许多相似点,特别是作为各自国家首都城市的北京与首尔,还有首都圈内的主体天津、河北和仁川、京畿,它们在地理位置、行政地位和区域类型,乃至气候、地形、物产等方面都有很多类似之处,这些都为比较提供了可能性。诚然,国际关系研究中的国别政治比较主体不可能完全一样,否则就会失去比较的必要性和意义。中国是一个文明古国,拥有悠久的历史、广袤的国土、众多的人口和复杂的国情,要在世界上找到能与我国进行比较的完美对象是不可能的。所以,只要有相似性,满足对比的条件,就可以在一定的理论框架下进行比较。中韩首都与首都圈的异同点如表1所示,有着许多相似之处,具有很强的可比性。

---

　　① ［美］加布里埃尔·A.阿尔蒙德、拉塞尔·J.多尔顿、小 G. 宾厄姆·鲍威尔、卡雷·斯特罗姆等:《当代比较政治学:世界视野》,杨红伟、吴新叶、方卿、曾纪茂译,上海人民出版社,2010 年,第35 页。

表1　中韩首都与首都圈的异同点比较

国家	地区	相似点						相异点
		地理位置	行政地位	区域类型	文化背景	历史遭遇	首都情况	
中国	北京	115°E~117°E 39°N~41°N	直辖市	首都	历史文明古国/东方国家/儒家文明	近代以来逐渐沦为半殖民地半封建社会	文明古都/历史悠久/人口密度大/城市病严重	国体/政体/民族/领土面积/外交政策/……
	天津	116°E~118°E 38°N~40°N	直辖市	海港				
	河北	113°E~119°E 36°N~42°N	省	资源地区				
韩国	首尔	126°E 37°N	特别市	首都	历史文明古国/东方国家/儒家文明	近代以来被迫开埠,后逐渐沦为日本殖民地	文明古都/历史悠久/人口密度大/城市病严重	
	仁川	126°E 37°N	广域市	海港				
	京畿	126°E~127°E 36°N~38°N	道	资源地区				

　　虽然中韩之间有许多相似之处,但同样也有相异之处。如中韩的政治制度并不相同,这就决定了两国首都和首都圈发展过程中的决策机制是不一样的。相异点并不是国际关系研究中的障碍,如果说相似点得到的是经验,那么相异点得到的便是教训。"所谓不要简单拒绝和不要盲目照搬,都不是说可以主观任意地对别人的政治产品进行分解、取舍。尊重科学,尊重规律性,才是它的确切含义。"①此外,不论是相似点还是相异点,作者主要选取的角度还是国际关系中的国别政治研究,中韩首都和首都圈之间的对比是用当代比较政治学的世界视野,学科属性是政治学中的国际关系和中外政治制度比较,是一种典型的政治分析,而非经济学或管理学分析。

　　本书作者的教育背景和研究方向主要为国际关系和中国式现代化,因此从中韩两国首都和首都圈的发展问题出发,结合作者的研究专长,借鉴国别政治研究中结构-功能主义理论的分析框架,以中韩两国首都功能定位和首都圈建设为对象进行对比,总结相关经验和教训,为我国京津冀协同发展

――――――――――

　　①　王长江:《政治研究中的比较借鉴问题》,《北大政治学评论》,2020年第1期。

提供殷鉴便成为本书写作的初衷。

第一节　选题来源与研究意义

联合国副秘书长、亚洲及太平洋经济社会委员会执行秘书阿米达·萨尔西亚·阿里沙赫巴纳（Armida Salsiah Alisjahbana）在名为《亚洲及太平洋地区城市的未来——通往可持续城市发展的转型途径》（*The Future of Asian & Pacific Cities——Transformative Pathways towards Sustainable Urban Development*）的研究报告中指出："城市和城市中心是亚太地区社会和经济进步的加速器……纵观历史，城市一直是创新的枢纽……资源和思想的集中使转型能够以极大的速度发生，从而产生了经济活动和财富。"[①]城市已经成为当代人类生活的主要场所和聚集地，承载了人们对便捷、舒适、现代生活方式的向往。新中国成立以来，我国的城镇化率不断提高，至 2019 年底，全国城镇化率已达到 60.6%，[②]这说明，我国大部分国民居住在城市。城市和城市群的发展对于提高国民生活水平起着至关重要的作用。

首都作为城市中的"首脑"，除了肩负一般城市的经济、文化、社会功能，还具有更强的聚集效应，带有明显的"中心"特点。从 20 世纪 80 年代开始，许多专家、学者、科研人员从政治学、经济学、社会学、文化学、建筑学，乃至生物学、物理学、化学的角度入手，就中国首都和首都圈的规划发展与建设问题展开了大量研究，其中不乏实证研究，提出了许多可操作的建议，其中

---

① United Nations, *The Future of Asian & Pacific Cities——Transformative Pathways towards Sustainable Urban Development*, United Nations publication, 2019, p. 10.

② 《中华人民共和国 2019 年国民经济和社会发展统计公报》，国家统计局，http://www.stats.gov.cn/tjsj/zxfb/202002/t20200228_1728913.html.

相当一部分后来成为中央和地方发展战略及政策的直接来源。1980年初，首都经济贸易大学的汪平从可持续发展的角度出发，建议中国迁都，将首都建在一个具有可持续发展能力的区域，减轻北京作为"全能型"首都的负担，创建"分散型"功能首都；1986年，北京理工大学的胡星斗老师也提出了类似的设想；同年，在时任天津市长李瑞环的倡议下，渤海地区15座沿海城市的市长发起"环渤海地区市长联席会"，后逐渐发展成为"环渤海区域合作市长联席会"，学界的争论和建言开始在政府的政策层面有所体现。

进入21世纪以后，以北京为中心的首都圈建设开始加速，以迁都来作为解决我国首都城市发展中出现的经济、政治、文化、社会、生态文明问题的方案被弃用，不再被人们提起，京津冀协同发展方案进入普通国民和政府决策者的视野。京津冀协同发展就是以首都北京为中心，加上天津和河北省的8座城市，以协同、协作、共赢的路径来实现首都和首都圈的功能再分配与可持续发展。自2004年以后，国家发改委多次编制京津冀都市圈①规划，北京、天津和河北在进行城市总体规划时，也屡屡提及京津冀协同发展，之后更是成为国家战略，与稍后出现的雄安新区一起，成为解决我国首都可持续发展问题的主要方案。

一、选题来源

2020年10月29日，中国共产党第十九届中央委员会第五次全体会议（以下简称"十九届五中全会"）通过了《中共中央关于制定国民经济和社会发展第十四个五年规划和二〇三五年远景目标的建议》（以下简称《建议》），《建议》提出"推进京津冀协同发展、长江经济带发展、粤港澳大湾区

---

① 在本书范围内，若没有特别注明，一般认为，"都市圈"和"城市群"的含义相同。

建设、长三角一体化发展,打造创新平台和新增长极"①。本次会议也明确提出"优化国土空间布局,推进区域协调发展和新型城镇化"②。两份重要文件都提及了区域协调发展和城市规划建设,将城市发展,特别是特大城市发展中的不协调、不科学、不可持续问题摆到了显著的位置。

习近平在不同场合都曾要求"增强中心城市和城市群等经济发展优势区域的经济和人口承载能力……要形成几个能够带动全国高质量发展的新动力源,特别是京津冀、长三角、珠三角三大地区,以及一些重要的城市群"③。由此可见,城市与城市群,尤其是像首都圈这样的特大型城市群建设对于一个国家的整体经济发展、治理能力提升、国土空间布局和区域科学协调都具有十分重要的意义。

(一)借鉴韩国对首都功能定位和首都圈协同发展的经验,助力首都北京建设和京津冀协同发展

韩国作为中国的近邻和同属于东亚文化圈的国家,自 20 世纪 60 年代开始迅速发展,取得了巨大的成就,城市化和城市群建设也是其中之一。首尔从李氏朝鲜开始,作为整个朝鲜半岛的政治、经济、文化中心,自然也是人口集中的中心,经过 600 多年的发展,首尔都市圈急剧扩张,形成了以首尔为中心,包括仁川、京畿道等区域在内的韩国首都圈,其实质是一个以首尔为中心的城市联合体。在此过程中,新城市联合体的产生,对经济和社会发展的影响,还有城市群发展中产生的各种现实问题都有着重要的历史和现实意义。从国别政治比较的角度出发,如前文表 1 所示,首尔和北京,仁川和天津,京畿道和河北省正好是三个比较的主体:首尔和北京同样是古都,同样

---

① 《中共中央关于制定国民经济和社会发展第十四个五年规划和二〇三五年远景目标的建议》,人民出版社,2020 年,第 24 页。
② 《中国共产党第十九届中央委员会第五次全体会议公报》,人民出版社,2020 年,第 15 页。
③ 《习近平谈治国理政》(第三卷),外文出版社,2020 年,第 271 页。

是全国的综合性中心和东亚地区的大都市;仁川和天津则都是沿海城市,都是海港,都是重要的经济中心;京畿道和河北省一样,都是环绕在另外两个城市周围,都是为中心城市提供资源和保障的重要来源。这些都为两国首都圈协同发展战略与政策比较提供了可能性。

此外,1960 年,韩国的城市化率就已经达到 41.7%,[1]随着经济的快速发展,韩国城市化水平迅速提高,首都圈更是凭借得天独厚的条件,充分利用了国家提供的各项政策工具,成为人口迁移的主要目的地。截至 2019 年 12 月,韩国首都圈的人口总计 2589 万人,占韩国全国总人口的 50.0%,比 2018 年的 2571 万人增加了 18 万人,增长了 0.7%。[2] 人口的进一步聚集,显示出韩国首都圈在经济、政治、文化上的绝对优势。首尔及其首都圈的发展都是北京未来规划和京津冀协同发展可以借鉴的经验。但是首都圈的快速发展也带来了很多问题,有些问题是世界城市普遍具有的"通病",有些则具有鲜明的"韩国特色",对于这些问题的研究,既能够让学者们知晓韩国首都圈的整体情况,也丰富着国家城市治理理论,更是对城市治理现代化理论的具体实践,对我国实施京津冀协同发展战略,进行现代化建设,吸取它们的经验和教训,避免失误也是非常有益的。

(二)从顶层设计出发,以国别政治比较的视角来探究如何统筹兼顾首都圈地区的城市治理、产业协调和生态环境改善

2020 年 3 月,习近平在杭州考察湿地保护利用和城市治理情况时提出,城市治理体系和治理能力的现代化关系到社会主义国家现代治理体系的完善,关系到治理能力的现代化,应当作为一件大事来抓。[3] 之后,习近平又在

---

① Byung - nak Song, *The Rise of the Korean Economy*, Oxford University Press,2003,p. 197.

② 2019 *Population and Housing Census*(*Register - based Census*), National Statistical Office(South Korea), http://kostat. go. kr/portal/eng/pressReleases/8/1/index.

③ 《习近平考察杭州湿地保护利用和城市治理情况》,中华人民共和国中央人民政府,http://www. gov. cn/xinwen/2020 - 03/31/content_5497643. htm.

多个场合强调完善和成熟城市治理体系,推动城市治理能力现代化,要求寻求符合中国特色社会主义国情的独特道路,运用规律办事,并将之放在了第二个一百年发展目标的重要位置。① 北京作为我国的首都,同时也担负着多重中心的职责,其辐射的周边地区,尤其是天津、河北在内的京津冀地区,作为一个整体的首都圈,治理起来千头万绪。因此,如何运用科学的理论和方法,从顶层设计来兼顾整个首都圈地区的城市治理,不仅有利于推进习近平牵挂的城市治理体系和治理能力现代化,也有利于提升整个京津冀地区的城市治理水平,并为我国乃至世界其他地方的城市治理提供有益经验。

首都圈内部产业的不协调和资源重复配置也是制约北京首都功能发挥的一大问题,生态环境的恶化又叠加在一起,严重影响着京津冀地区产业的协同协作机制和经济的可持续发展。产业作为不同地区之间的经济联系载体和媒介,对于区域协同发展有着重要作用。京津冀协同发展的首要目标就是要解决北京、天津、河北三地之间的经济发展不平衡、不协调的问题,只有这样,才能实现首都圈地区的协同发展。研究京津冀之间的经济协调发展,核心就是产业的协同发展,尤其是产业的代际转换需要明确的方向和定位,促进北京、天津和河北三地间产业在升级转化中有效衔接,制定首都圈产业指导目录,尽快建成城市群内部承接项目的有效机制。北京、天津和河北之间的产业协作与协同发展对于整个首都圈地区的产业布局优化,生产力和经济空间安排,加快经济成长方式的转变,培育整个区域新的增长极和动力,增强首都圈经济实力和辐射带动能力,都具有重要的现实意义。再者,在京津冀地区产业协同发展时,本地区的生态环境改善也是有待解决的问题。京津冀地区的水资源相较于长三角和珠三角地区比较匮乏,环境污

---

① 《让城市更聪明更智慧——习近平总书记浙江考察为推进城市治理体系和治理能力现代化提供重要遵循》,中华人民共和国中央人民政府,http://www.gov.cn/xinwen/2020-04/04/content_5499045.htm.

染,特别是秋冬季节的雾霾问题严重,自然资源过度开发利用,环境恶化,生态联防联治的要求日益迫切。

此外,产业协调和生态环境改善都需要国家的顶层设计。北京作为我国的首都,城市病严重,功能定位过多,负担太大。北京需要疏解非首都功能,调整自己在京津冀乃至华北地区的某些定位,分散一些非必要的功能,达到优化京津冀经济和空间结构的目的。2010 年以来,北京市和河北省分别提出"首都经济圈"和"环首都绿色经济圈"战略,在产业协调和生态环境改善上迈出重要一步,但两地的战略重点并不相同,北京的重点是建设环首都的卫星城,重点是疏解中心城市的人口,缓解首都的资源紧张,而河北省主要想在东、南、北三个方向承接北京过剩的产业资源。

(三)科学规划首都未来建设,促进首都圈及次级城市群内部协作和京津冀协同发展战略

2017 年 2 月 23 日,习近平在雄安新区考察时强调:"规划建设雄安新区,要在党中央领导下……建设……协调发展示范区……努力打造贯彻落实新发展理念的创新发展示范区。"①雄安新区是京津冀协同发展大战略中的重要一环,我国首都圈建设的主要战略就是京津冀协同发展。通过北京、天津和河北省三方的协同协作,不仅可以带动北方乃至全国经济、文化、社会的良性发展,成为国家经济建设中的重要增长极,也有助于进一步消除两极分化,成为我国全面深化改革布局中的关键一招。京津冀协同发展主要是跨行政区域的资源整合和功能协作,通过对区域内的产业布局进行优化组合、功能布局、效益分配来提高空间效能,促进共同繁荣。只有这样,我国才能提升整个首都圈的区域发展水平,缩小区域内的发展差距。

首都圈其实是都市圈的一种,日本在 20 世纪 50 年代就开始使用这一概

---

① 《习近平谈治国理政》(第二卷),外文出版社,2017 年,第 238 页。

念,主要是指以一天为周期,接收到中心城市辐射功能和服务,并受其影响的一定地域范围。后来进一步发展出大都市圈、东京首都圈等概念,其实质是中心城市发挥功能效应与周边被影响地区形成的某种关系。① 北京作为中华人民共和国的首都,不仅具有政治意义,同时也是经济重镇。2019 年,北京地区的国内生产总值(GDP)35371 亿元,人均 GDP 达到 164242 元,常住人口 2153.6 万人,其中城镇人口 1865.0 万人,政府一般公共预算收入 5817.1 亿元,②各项指标均居全国前列,是当之无愧的国家中心城市,也是首都圈的龙头。我国的首都圈就是以北京为中心的都市圈,根据经济联系的紧密程度,该都市圈主要包括北京、天津、保定、廊坊、唐山、沧州、承德、张家口、秦皇岛,③覆盖京津冀地区。按照国家发改委在 2011 年编制的首都经济圈规划,首都经济圈(也被称为首都圈)除上述 9 座城市以外,还有石家庄、衡水、邯郸、邢台 4 座城市。2012 年以后,从中央到北京、天津和河北,各级政府加大了对首都经济圈的发展规划和投资建设力度。

　　但是京津冀区域内部的发展极不平衡,北京一城独大,天津也是优势突出,河北则处于“洼地”效应的底部,首都圈不协调的矛盾日益增大。例如,河北的很多地方与北京、天津仅仅是一山、一河或一界之隔,但发展水平差异巨大,北京除东边以外,其他三个方向都有贫困县、贫困乡、贫困村的存在,即使一些地方已经摆脱了贫困,但与北京和天津相比,无论在公共服务、基础设施建设还是社会福利等方面,双方还存在一定的差距。因此,研究首都功能的合理定位,如何分散非首都功能和疏解北京城市压力符合首都圈建设及京津冀协同发展的客观需要。

---

① 〔日〕木内信藏:《都市地理学研究》,古今书院,1951 年,第 322～335 页。

② 根据 2019 年北京市政府工作报告、北京市统计公报、《北京市统计年鉴》、京津冀协同发展数据库等相关数据计算得出。

③ 谭成文、杨开忠、谭遂:《中国首都圈的概念与划分》,《地理学与国土研究》,2000 年第 4 期。

二、研究意义

对中韩首都及首都圈发展进行比较研究,具有一定的理论和现实意义:一方面,有利于引进结构-功能主义的分析框架到国别政治、比较政治学、城市治理体系与治理能力现代化等方面,进行理论应用探索;另一方面,也有利于北京城市功能定位与建设,疏解非首都功能,城市副中心、雄安新区和京津冀协同发展等实际工作的开展。

(一)理论意义

首先,本书验证了国际关系学中的相关理论。从理论上而言,本书属于国别政治的比较,也就是国际关系研究中的国别和地区问题研究。在国际关系与区域政治中,一个国家之所以称其为国家,必须具备四大要素:固定的领土范围、长期定居的居民、有效行使职权的政府和不受干预的完整主权,简单而言就是领土、居民、政府和主权。首都和首都圈无论从哪种角度来讲,都是国家领土不可分割的一部分,在这一方面,耶路撒冷之于巴以冲突争议地区是具有典型意义的例子。从国际关系中的领土概念出发,本书能够弄清国别研究中首都地区的规划与建设对于国家政治生活的影响机理,以及这种影响的辐射范围、作用机制,乃至对于一国政治稳定、制度改革等方面带来的进步。此外,中韩两国首都圈建设的对比属于国际关系学科内的整体研究。比如,利用国家内部的制度比较和国别政治来分析京津冀协同发展与首尔、仁川、京畿道的协同发展,可以突破传统上研究中国首都圈建设的单一标本模式,以两国类似的变量作对比,从空间角度出发,涉及经济、政治、文化、社会、生态文明等方面,更容易抓住事物发展中的矛盾,达到研究的理论目标。

其次,本书利用比较的方式,对中韩首都功能定位和首都圈建设进行研究,有利于深化对城市治理体系与治理能力现代化理论的理解,增强对公共治理相关理论的解释力。政治(Politics)一词的来源本来就是"城邦"(Polis),意思是城市国家,"所谓政治也就是城邦的事务"①。管理一个城市就是政治,虽然随着社会的发展和进步,政治的含义已经大大丰富,绝不再是一个城邦的事务那么简单,但治理的本质和路径并没有发生大的改变,其核心是稳定的。特别是在21世纪的今天,对于公共治理理论的关注和研究较以往更加密集。城市治理在当今社会成为国家治理的重要内容和具体实践,这种治理也不仅仅是处理一个城市各种事务的总和,而更应该是善治,也就是一种良好的治理,"能够收获到良好的绩效,这种绩效表现在治理的政治效果、管理效果、经济效果和社会效果方面"②。根据杨光斌的观点,城市善治不仅仅是单一城市的治理,也是跨地区治理的一种,主要是经济合作区域联盟,比如以上海为中心的"长三角城市合作";大都市区治理,比如纽约、伦敦、巴黎、北京和上海的城市治理;都市圈的治理,比如韩国首尔都市圈、日本东京都市圈、中国长三角都市圈、京津冀都市圈等。③ 习近平在中央财经委员会第五次会议上强调:"要形成几个能够带动全国高质量发展的新动力源,特别是京津冀、长三角、珠三角三大地区,以及一些重要城市群。"④因此,对中韩首都功能定位及首都圈建设的比较有助于丰富和发展中国特色社会主义理论与实践,也有助于贯彻习近平关于城市治理的重要指示。

最后,京津冀协同发展战略从提出以来,许多专家学者围绕这一主题进行了大量而细致的研究,研究视角主要涵盖协同发展的概念、基本特征、机制建设、动力驱动、外部环境、政策制定等,所利用的理论框架主要来自政治

---

① 景跃进、张小劲:《政治学原理》,中国人民大学出版社,2015年,第9页。
② 杨光斌:《政治学导论》,中国人民大学出版社,2011年,第214页。
③ 杨光斌:《政治学导论》,中国人民大学出版社,2011年,第223~226页。
④ 《习近平谈治国理政》(第三卷),外文出版社,2020年,第271页。

学、经济学、地理学、建筑学和管理学。本书在实际工作中,将借鉴和运用协同学中的协同论作为分析视角,并将这一视角与国际关系学研究中制度比较和国别政治分析相结合,以综合性多学科的角度来理解中韩首都圈的规划、建设与未来发展。协同论与耗散结构论、突变论被称为系统科学领域的"新三论",较早提出这一理论的是德国学者赫尔曼·哈肯(Hermann Harken)。1971年,他在自己的两部重要著作《协同学导论》和《高等协同学》中完整地、系统地、全面地阐释了什么是协同,协同学和协同理论的概念及其学科内容。协同理论不仅仅是理工学科的基本理论,也被用于经济学、管理学等社会科学中。对于京津冀协同发展,利用协同理论,将定性分析与定量分析相结合,有利于分析框架的拓展和理论创新。

(二)现实意义

一方面,以首尔作为比较对象,明确首都功能定位、疏解非首都功能、建设首都城市副中心等方面,都可以通过比较研究来为北京的未来发展提供宝贵经验。中韩两国的首都有许多相似性,无论是地理位置、历史地位、文化传统,还是在政治、经济、社会中的功能。韩国作为新兴的工业化国家,同时也是东亚文化圈的一员,在其发展道路上,与我国具有很多同质性的问题。首尔从20世纪60年代开始飞速发展,不仅创造了"汉江奇迹",也一跃成为世界上知名的大都会,形成了首尔都市圈。同首尔一样,北京也面临很多城市病。历史上,北京规划偏重于大而全,功能定位为政治中心、经济中心和文化中心,在计划经济条件下,国家集中了华北地区乃至全国的优势资源来建设北京,有时甚至违背自然和社会规律,将一些不适合的项目也落户北京。随着改革开放的到来,人口自由迁徙和流动,北京作为首都的承受力接受着一个又一个棘手问题的考验,这些问题很多都是首尔曾经和正在经历的。

另一方面,从首都圈建设来看,对中韩首都圈协同发展进行比较研究,可以为京津冀协同发展战略提供智力支持。一直以来,北京作为中国的首都,承担的自然资源和社会压力越来越大,将一部分功能转移到天津和河北的谋划也已有时日,北京、天津和河北之间的经济发展也存在着高度关联性和依存度。首尔、仁川和京畿之间也存在着跨区域合作的问题,在产业协同和资源要素分配上,三地的历史经验可供我们借鉴。区域经济协同发展需要不同地区、不同部门、不同产业之间共同推进,形成方向一致的合力。长三角和珠三角地区在这一方面也做出了某些尝试,并取得了不错的成绩。由于北京在中国政治生活中的独特地位,京津冀不同于长三角和珠三角,政治意义往往超越经济意义,对于行政区划的意识非常强烈,经济要素和人才流动面临许多非经济性的阻碍和壁垒,很长时间内又没有顶层设计和统筹机制,产业和区域整合存在着一些难以进行跨区域协调的制度性难题。韩国首都圈在协同发展的过程中,特别是首尔、仁川和京畿三地之间的分工协作,还有作为"行政中心"城市的世宗特别自治市,探究它们之间的相互关系、城市群总体规划、特别是协同发展,无疑也具有重要的借鉴意义。

三、拟解决的主要问题

第一,探究一国首都应当具备哪些主要功能,通过案例和比较的方法,区分核心功能(首都功能)和非核心功能(非首都功能),为北京的功能定位提供经验。1949 年新中国成立后,北京就一直是我国的首都,其重要地位不言而喻,随着改革开放以来经济的快速发展,北京更是成为北方和全国的经济重镇,大量资源向北京聚集的同时,数量庞大的人流也汇聚到北京,寻找个人发展的机遇。近年来,这一趋势愈发明显。而北京在 20 世纪 80 年代遭遇沙尘暴,20 世纪末以来的用水、用电、用地,21 世纪的雾霾和人口快速增长等问题,都凸显出北京作为首都在发展过程中出现的经济与环境冲突,功能负载过多等深层次矛盾。归根到底,北京承担了过多的职责,有些不是必要的,属于非首都功能,需要疏解和分散。这是本书拟解决的第一个问题。

第二,北京都市圈,也就是首都圈地区,在行政区划上,主要包括京津冀,其发展不平衡,资源调配不协调,甚至出现相互争夺优势资源、重复建设的现象,如何合理规划首都圈建设,做到可持续、能协同、相互配合,这也是本书要解决的主要问题。京津冀地区是我国经济发展的主要支撑地区,也是发动机和动力源之一。在区域内,由于北京的特殊地位,虽然京津冀较早时就有跨省级合作规划,甚至某些项目还早于长三角和珠三角地区,但区域发展不平衡的问题一直存在。京津冀地区经济发达的特大城市与周边经济落后地区同时并存,这里既有北京、天津这样的特大型经济发达城市,也有许多深度贫困的小山村。①且区域内重工业所占产值比例较大,环境污染严重,尽管经过一段时间的治理,这一现象已经有所缓解,但雾霾等生态问题仍然存在。因此,加强京津冀协同发展战略的研究,对于探索构建整个京津冀乃至北方地区经济建设区域空间的合理布局和优化,科学发展、持续发展、互利共赢有着重要的现实意义。

第二节　国内外相关研究现状及文献综述

如果以"首都功能""首都圈""北京""首尔"为关键词在中国知网中进行精确检索,可以分别得到 201、745、13846、2294 条中英文结果,而以"京津冀"和"京津冀协同发展"为关键词,则有 12336 和 8164 条中英文结果。②通

---

① 按照中央部署,这些深度贫困的小山村已于 2020 年底全部脱贫。
② 所有检索的关键词匹配度均为"精确",检索时间为 2020 年 12 月 28 日上午 11 时。

过对这些文献,特别是高引文献、权威期刊文献的分析,可以发现,中外学界对于京津冀协同发展研究较多,关注的领域涵盖三大产业、交通物流、教育科研、生态环境、创新创业等多个方面。综合来看,国内外学界近些年对于首都功能定位、首都圈建设、北京、首尔、京津冀协同发展等开展的相关研究取得了丰硕的成果,这些都为本书奠定了厚实的基础,提供了丰富的资料和参考。

一、国内相关研究现状及文献综述

从国内的研究情况来看,与本书相关的文献主要集中在国外首都和首都圈的建设经验,如伦敦、巴黎、东京、首尔等,本书是中韩首都之间的比较,因而主要梳理的是首尔及其都市圈的相关情况;第二大类是对北京和京津冀地区发展现状的研究;第三大类是从顶层设计和制度建设角度论及京津冀地区的建设和未来规划。

第一,首尔及其都市圈发展的历史经验研究。韩国虽然领土面积相对狭小,但在自然环境、历史文化、民族性格上与我国有许多相似的地方,特别是对于首尔和首都圈地区的规划与建设,具有起步早、水平高等特点,有很好的借鉴意义。在这一方面,金钟范(2002)、江曼琦(2007)、唐茂华(2007)、蔡玉梅(2014)、董微微(2015)、刘传(2019)、肖琳(2019)等人有相关论述。总体来看,学者们的关注点集中在首都功能的泛化、首都圈规模的膨胀、建设规划的顶层设计、城市群发展经验、发展模式比较等方面。一些学者在回顾历史的基础上,就韩国经济起飞后对首都圈规模的控制政策,特别是制定政策的根据和特点进行阐述,结合对首都功能的定位和控制首都圈规模的实践经验,总结出首都圈建设应当注重早期规划、法规规范、顶层设计、实践探索和涵养都市等方面。① 还有学者专门就政府在首都圈建设中的顶层设计与政策实施进行了研究,探究韩国中央政府、首尔、仁川、京畿的地方政府在整个首都圈地区发展过程中所发挥的影响,尤其是总体规划、产业分布、交通布局等方面的统一部署和协同协调,如何整合各个部门与不同群体的利益,构建首都圈内部的协同发展体系,达到分工合作,利益最大化的共赢结果。同样,学者们也看到,首尔都市圈无论是在首都功能定位、首都圈事先规划、协同发展的后期过程中,都出现了一些失误,这些错误也为京津冀协同发展提供了教训和经验。例如,首尔在首都规划目标上,由大而全转向避免高度集中,重点在于提高首都的"质",而非"量",提升首都的经济竞争力,以首都带动首都圈,以点带面,多元互动。这一目标虽好,但政府将大部分精力放在了限制规模上,而且是消极的直接限制,而非引导。《巧划"圈"找准"点"——韩国首都圈发展规划的演变与启示》②一文指出,近年来,韩国政府已经意识到采用主动积极引导和间接管理的综合性手段的重要性,韩国首都圈的规划已经从单一的抑制过度集中开始向提高首都圈竞争力、改善国民生活、发展地方经济等多目标转变。

还有学者直接将首尔、仁川、京畿与北京、天津、河北进行对比,从资源分配的角度提出韩国首都圈建设的经验在于对城市的准确功能定位。首尔作为首都,首要的功能定位就是政治、文化中心,仁川是海运港口,京畿是工业发展地区。这样的定位对于京津冀协同发展有很强的借鉴价值:北京是我国的政治、文化中心,天津本就是北方的深水良港、海运交通要道,河北有唐山等重要的工业城市,也是制造业大省。所以,两国的首都功能定位和首

---

① 郑春勇、虞盛军:《韩国首都圈产业向地方转移过程中的政府作用及启示》,《理论导刊》,2015 年第 4 期。

② 蔡玉梅、宋海荣、廖荣月:《巧划"圈"找准"点"——韩国首都圈发展规划的演变与启示》,《资源导刊》,2014 年第 6 期。

都圈结构布局有类似的地方,韩国的经验对于京津冀协同发展有借鉴意义。此外,还有一部分学者将东亚文化圈内的国家进行相互对比,如《中日韩首都圈发展模式比较与启示》①一文,以三元主体中、日、韩为对象,从政策、产业、交通、生态等多个角度比较北京、东京和首尔的首都圈空间布局与发展模式,对北京和京津冀协同发展提出五个构建、一个创新的建设思路。

第二,首都北京及其首都圈建设、京津冀协同发展的政策、现状和基本情况研究。学者们在这一方面的研究主要集中在"协同"上,特别是对于北京、天津、河北协同发展的情况。代表性的研究者有蔡之兵(2014)、文魁(2014)、张可云(2014)、程恩富(2015)、王新建(2015)、柳天恩(2015)等人。一些学者认为,北京首都圈的整体布局是以北京为中心,天津为次中心,河北各个城市为组成部分的城市群集约发展,京津冀协同发展是最终要达到的目标,但现实中的京津冀发展存在着巨大的矛盾。北京聚集了区域内部最优势的资源,天津次之,河北的聚集能力最差,即使在河北内部,也存在区域性的中心,如保定是冀中地区的中心城市。通过对不同城市发展现状梳理和政策对比,提出北京非首都功能疏解的具体路径和办法,对京津冀产业联动与交通规划给出可行的建议。② 还有学者认为京津冀协同发展是解决首都北京现有城市病的一剂良方,而且能够成为华北乃至全国经济发展的重要动力源,也有利于缩小区域间的贫富差距,实现国家经济预定目标,培育北京的国际竞争力,将其建成世界级大都市。

但在一段时期内,京津冀协同发展的效果并不好,没有达到预期目标,区域一体化的程度还很低,仅仅是基本完成了市场一体化,还未达到产业一体化的程度,区域内部甚至还存在着一些经济壁垒,整个京津冀地区有着明

---

① 董微微、李贺南、宋微:《中日韩首都圈发展模式比较与启示》,《理论界》,2015 年第 7 期。
② 文魁:《京津冀大棋局——京津冀协同发展的战略思考》,《经济与管理》,2014 年第 6 期。

显的阶梯状层次发展的特点。学者们也探讨了造成这些现象的原因:政策上的"马太效应"①造成了发展上的"马太效应",大量人力与物力资源都集中到了北京和天津,而河北在流失优势资源的同时,还要承担生态环境恶化、能源紧张、行政成本等问题,区域间缺乏协调政策和机制,加剧了上述矛盾。因此,学者们认为只要北京明确首都功能定位,其他城市承接非首都功能,优化区域内部的空间布局,建立城市群内部的市际协调机制,推动不同功能分区之间的互动,就能够解决长期以来困扰京津冀地区发展中出现的问题。还有学者就京津冀之间为什么"不协调"进行了更加深入的研究,不仅从宏观经济学角度,更从行政管理学、社会心理学、协同学等多视角来解读。《京津冀协同发展:演进、现状与对策》②一文指出,自 20 世纪 80 年代将"京津冀"作为一个经济上的概念,各种各样的规划、方案、计划、建议层出不穷,但最终都只是停留在纸上的设想,缓慢的现实和尴尬的地位促使我们要追问:"这是为什么?"

有学者将经济学上的"虹吸"效应与政治学上行政区划"极差"效应结合起来,认为这两者叠加,造成了北京的城市病和河北贫困地区城镇化迟滞,区域内交通设施互联互通的滞后,生态环境逐步恶化,发展规划相互冲突,归根到底,这是顶层设计和协同管理机制的缺乏,在社会心理上就是"地主意识"形成的"一亩三分地"的利益固化。③ 针对这一情况,一些学者呼吁,只有打破心理和物质的定势藩篱,以体制机制创新为引领,以城市群整体利益为出发点,以交通等基础设施建设和生态文明治理为突破口,才能真正打开京津冀协同发展的新局面。

---

① 马太效应一词出自《新约·马太福音》,意思是事物或社会发展的两极化,也指极化的增强与巩固,比较常见于经济学、政治学、社会学等社会科学研究中。

② 程恩富、王新建:《京津冀协同发展:演进、现状与对策》,《管理学刊》,2015 年第 1 期。

③ 薄文广、陈飞:《京津冀协同发展:挑战与困境》,《南开学报》(哲学社会科学版),2015 年第1 期。

2014 年 2 月,习近平从顶层设计出发,提出了京津冀协同发展的七点要求,京津冀的一体化正式进入了历史发展的新阶段。此后,学者们立足新时代的特点,就顶层设计下的具体安排与历史经验对京津冀协同发展的未来建言献策。大部分学者都认为,京津冀地区的发展处于历史最好时期,很多利好政策已经落地,下一阶段的任务是如何用好政策。一些学者利用数据计算和建构模型,对比了京津冀地区与长三角地区的发展历程,认为京津冀的区域合作效果明显弱于长三角地区,主要原因是北京、天津与河北三者之间没有形成良好的协作关系,虽然中央已经做了顶层设计与战略部署,但政策的具体落实还需要京津冀三地持续推进。

第三,北京首都功能定位的细化与京津冀协同发展中的具体问题研究。赵弘(2014)、马俊炯(2015)、王建廷(2015)、黄莉(2015)、臧秀清(2015)、祝尔娟(2016)、何晶彦(2016)等学者就京津冀地区的产业布局、经济机制协作、区域创新政策、协同动力与核心主导等问题展开了一系列研究。在区域内部的利益协调与分配方面,学者们认为要处理好京津冀地区的整体利益和内部单位各自的局部利益,整合好部门利益,及早建立利益分配的协调和分配机制,处理好既得利益与预期利益的关系。① 在京津冀地区协同发展动力和机制问题上,学者们将长期以来困扰京津冀协同发展的最大问题归结为区域内部的恶性竞争,没有科学的协调合作机制,严重干扰和制约了区域整体的进步,也丧失了可持续发展的可能,基于这种情况,一部分学者建议牢牢抓住经济发展这个点,从发展动力入手来解决问题;还有学者建议构建发展模型,找到核心问题,解决核心问题,实现全面发展。②

---

① 孙芳、刘明河、刘立波:《京津冀农业协同发展区域比较优势分析》,《中国农业资源与区划》,2015 年第 1 期。

② 孙久文、原倩:《京津冀协同发展战略的比较和演进重点》,《经济社会体制比较》,2014 年第 5 期。

对于什么是京津冀地区的核心问题,学者们也展开了争论,主要的观点集中在首都北京的城市病、京津冀环境恶化、城乡统筹协调发展、世界级城市群建设、经济增长第三极、京津冀产业互补与整合等。虽然对核心问题的看法不同,但大部分学者对于解决问题的途径的看法和建议是类似的:他们基本上都赞同要理顺政府与市场的关系,强调市场的运行机制和政府的调控手段,呼吁顶层设计和统筹协调,建立工作沟通与协调机制,重点关注产业协作、交通体系、城市副中心、公共服务均衡化和利益分配。[①] 京津冀地区的产业协同是众多学者关注的焦点,特别是北京、天津和河北产业间的协同发展方向和布局,学者们基本都同意京津冀区域内部的产业协作是具有必要性、充分性、可行性和持续性的,具体体现在国家对区域发展的需要在中心城市带领下形成都市圈的产业协同和国家经济增长的动力源。[②] 在这点上,长三角和珠三角地区的城市群已经走在了京津冀地区的前面,具有一定的经验。

此外,一些学者认为京津冀三地的产业协同也有利于减少重复建设和恶性竞争,能够优化资源配置,特别是改善京津冀三地的发展不均衡现状。这原本是一个问题,使得三地的产业处于不同水平,北京已经淘汰的一些产业,在河北反而是方兴未艾,但产业的梯度正好突出了互补性,让京津冀地区内部产业能够合理分工,相互协作。在这一方面,值得指出的是,有些学者结合统计学,构建了京津冀发展指数。例如,根据产业能力和发展潜力,计算出北京、天津和河北的潜力值,划分出三地产业协同的空间圈层。《京津冀协同发展指数研究》[③]一文更是按照创新、协调、绿色、开放、共享五个维

---

① 郭彦卿、林杨、杨峥:《京津冀协同发展与首尔都市圈经验借鉴》,《城市》,2016 年第 3 期。

② 苏黎馨、冯长春:《京津冀区域协同治理与国外大都市区比较研究》,《地理科学进展》,2019 年第 1 期。

③ 祝尔娟、何皛彦:《京津冀协同发展指数研究》,《河北大学学报》(哲学社会科学版),2016 年第 3 期。

度,设计出了由发展指数、协同指数、生态文明指数、人口发展指数、企业发展指数构成的综合评价指标体系,利用这一体系,作者对京津冀协同发展的现状进行了数据化处理,提出京津冀三地发展差距正在逐步缩小,产业处于升级换代时期,北京的"虹吸"效应正在转变为"外溢"效应,区域内部的产业投资活动十分活跃,协同发展的效益初步显现。

二、国外相关研究现状及文献综述

国外关于首都功能定位和首都圈建设方面的研究,主要集中在城市群的建设理论、首都和首都圈规划与建设实践、特定国家首都圈的发展情况,如韩国学者对首尔首都圈的研究。

第一,关于都市圈或城市群的理论研究。这一方面主要集中在国际关系的国别政治研究中,所运用的理论被统称为"都市圈理论"(Metropolis theory 或 Metropolitan theory)或"城市群理论"(Urban agglomeration theory)。都市圈理论最早由法国地理经济学家简·戈特曼(Jane Gottman)在 1957 年提出,在法语中被称为"Théorie Metropolis"。1976 年 2 月,戈特曼出版了著作《世界上的城市群体系》,他认为在当时的世界上存在六大世界级城市群:北美五大湖城市群、美国大西洋沿海城市群、西欧西北部城市群、英国伦敦城市群、日本太平洋沿海城市群和中国长三角城市群。此后,戈特曼的都市圈理论成为研究国别政治和区域发展的基础理论之一,也被应用于经济学、社会学、地理学和相关的交叉学科之中。都市圈理论后来逐渐发展、演进、分化,但核心观念基本一样,都是指在一定的地理范围内(不限于一国领土内),以一个或几个中心城市为核心,周围的其他城市为组成部分,呈现明显的中心—圈层特点的城市集群,城市群中的城市受到中心城市的辐射和功能外溢影响,从而带动整个城市群在经济、社会和生态文明等方面的全方位发展。大部分学者认为都市圈有利于形成有机联合的整体,实现城市抱团前进,强化城市群的整体影响力、竞争力和凝聚力。由于都市圈理论的形成和发展是随着城市,特别是特大型城市的兴起而逐渐出现的,一些学者提出城市在国民经济中的重要地位不容忽视,主张聚合城市功能,特别是第二产业应当形成链条化和集约化,反过来又能促进高素质人群在城市长期定居。还有学者在都市圈理论的基础上提出,一个区域内如果有一个或几个经济条件较好的中心城市,依托附近的自然环境、交通运输网络、信息技术,就有可能会生成一个在经济、文化、社会和生态上相互联系的城市群,也就是说,城市群在一定条件下是可以被"建构"的。[①] 都市圈及其衍生理论至今还在不断丰富和充实。近年来,许多学者已经把都市圈发展看作是衡量一国经济社会发展水平的重要指标,将城市发展与区域、国家、世界的发展结合起来,高屋建瓴,扩大视角来规划未来的城市群结构,以便更好地发挥城市群的作用和功能。

第二,对于城市群集群建设的规划与建议。联合国亚洲及太平洋经济社会委员会(ESCAP)2019 年出版的 *The future of Asian & Pacific cities——transformative pathways towards sustainable urban development* 中提出:在实施城市进步国际发展框架的五年中,快速发展的城镇面临一系列发展选择,这些选择将决定其发展,还有长期的经济、社会和环境可持续性。发展过程中的政策制定过程多是复杂的选择,因为需要考虑短期和长期成本和收益各不相同。这些选择很少是由单个行为者或机构决定的,而是来自国家和地方政府,私营部门的投资者和企业家的一系列行为者所做出的决策之间复杂

---

① 임경수·고병호,「동북아 3 국 (한·중·일) 의수도권 공간 정책 비교연구——국가경쟁력을 중심으로」,『한국도시행정학회 도시행정학보』, 2006 년 제 19 집 제 1 호.

的相互作用,以及一系列地方社区和民间社会的声音。① 美国学者埃德温·米尔斯(Edwin Mills)与宋丙洛(송병로)合著的《成长与城市化问题》,从城市经济的角度来解读韩国的城市化进程,对韩国的城市化模式和城市化问题进行了概括和分析,是韩国城市化方面的代表作。另一部是 2006 年出版的权太桓(권태항)、尹日成(윤일성)、张世勋(장세훈)合著的《韩国的城市化和城市问题》。在该书中,作者从城市社会学、历史学、城市政治学等多方面论述了韩国城市化的状况,对韩国城市化过程中的社会问题进行了深刻的分析,指出制度是产生问题的根源。并且对韩国城市未来的走向做了展望。②

　　第三,就首都功能定位和首都圈附属城市群建设的集中性研究,主题几乎包括方方面面,如政治、经济、文化、社会、生态文明等。这一方面的研究,以韩国为例,权太俊(권태준)的《首都圈人口集中问题和对策》、张世勋的《首都圈问题:集中与扩散的动力学以行政首都建设问题为中心》。两人分别就首都圈的人口和动力问题进行研究。权太俊提出解决人口问题的主要办法在于加强首都圈周边卫星城和其他地方中心城市的建设,实施均衡发展战略,以分散首都圈过度集中的人口。张世勋从城市发展动力的角度分析了首都建设对城市发展的巨大影响,指出通过迁都实现均衡发展的合理性。③ 此外,还有朴相雨(박상우)、金泰焕(김태환)、李元燮(이원섭)、李东雨(이동우)等人,他们强调首都圈的过度集中导致房价上涨过快,交通严重堵塞和物流费用增多,④污染和环境破坏严重,从而使社会费用增大,区域竞

―――――――

① United Nations, *The Future of Asian & Pacific Cities—Transformative Pathways towards Sustainable Urban Development*, United Nations publication,2019,pp. 160 – 165.

② 권태항·윤일성·장세훈,『한국의 도시화와 도시문제』,바다 출판사, 2006 년.

③ 장세훈,「수도권 문제, 집중과 확산의 동력학: 행정수도 건설 문제 중심으로」,『경제와 사회』, 2003 년 제 60 호.

④ 박상우,『수도권 집중된 사회경제적 영향 연구』,국토연구원, 2001 년.

争力下降。① 针对这些问题,学者们认为必须控制首都圈的规模,对过度集中地区实施职能分散政策,② 并培育地方城市中心接纳转移的人口和工业,实现全国的均衡和可持续发展。③ 金权锡(김권희)分别与英国学者格林特·尼克(Grint Nick)和美国学者迪基·约翰(Dickie John)合作出版了一批著作,主要从首都圈工业规划和交通系统建设④两方面来论述首都圈的发展问题。

三、对已有研究的评价

通过前期对文献资料的收集和梳理,我们发现,无论是中国,还是韩国,对于首都功能定位和首都圈建设的研究主要集中在国家层面的宏观政策,或是地方政府主导的政策,显然,这是首都及首都圈发展战略和政策的主要方面。目前有着相当数量的文献在介绍、阐明、分析、总结京津冀和首尔都市圈在城市建设、产业布局、交通规划、社会协调、经济统筹、环境治理等方面的方案和已经实施的项目,还有从这些方案和工程里获得的经验。但是不论是哪项研究,他们的出发点都是首都圈,这也是本书写作中首先要考虑的一个问题,那就是,首都圈就是京津冀吗? 同样,在韩国,首尔的问题是要缓解紧张的资源,促进可持续发展,那么,首尔、仁川、京畿的协同发展是办法之一,世宗市的方案,毫无疑问,也是办法之一。因此,北京、天津、河北的协同发展、雄安新区建设、北京城市副中心建设,这些缓解北京城市病的方案之间是什么关系,它们能不能被系统地称为"首都圈协同发展",现有文献

① 김태환,『수도권 집중요인 분석 및 기능분산 방안 연구』, 국토연구원, 2003 년.

② 이원섭,『수도권 과밀 해소와 지방 육성 방안』, 국토연구원, 2000 년.

③ 이동우,『수도권 규제 현황 및 향후 정책 방향 검토』, 국토연구원, 2001 년.

④ Kwang Sik Kim, John Dickey, Role of Urban Governance in the Process of Bus System Reform in Seoul, *Habitat international*, No. 4, 2006, pp. 1035 - 1046.

并没有给出明确的答案。

其次，作为对比研究，虽然国内外有了大量的著作、研究报告，北京的对比对象从伦敦、巴黎、纽约，到东京、首尔，京津冀也与世界上知名的城市群对比了一遍，但大部分对比研究是资料的对比，是数据的对比，他们所依赖的理论框架大部分是经济学和管理学的，有时候是社会学的。国际关系理论在这里能否开辟一个新的叙事？用国际政治的分析框架来容纳都市圈或城市群的协同发展，比较理论、协同理论、都市圈理论这些视角是否能被借鉴到国别政治分析之中？这些都是今后研究有待探讨的问题。

第三节　研究框架与基本思路

一、指导思想

本书的指导思想是马克思主义及其中国化成果，具体体现在本体论、认识论和方法论三个方面。

第一，辩证唯物主义本体论。马克思主义物质本体论，也就是辩证唯物主义。北京和首尔属于中韩两国首都，是客观外在的物质存在，首都功能和首都圈建设也是基于客观存在的事实。非首都功能疏解与首都圈规划的系列政策也都是依据客观事实所制定的具体方案。因此，马克思主义本体论是本书的唯一取向。

第二，整体主义实证认知观。国际关系研究中既有采用个体主体，也有采用整体主义的情况，前者是一种还原理论及其方法，后者是系统理论及其方法。① 实证主义强调现象研究,拒绝形而上学的哲学观念,认为通过研究现象,使用科学的方法就可以归纳出科学的规律,抓住事物的本质。整体主义实证认知观贯穿本书,这一认识论既符合马克思主义基本原理,也是中国国际关系研究中的重要指导。

第三,马克思主义方法论。首先,马克思主义强调经济与政治之间的作用与反作用。"这些生产关系的总和构成社会的经济结构,即有法律的和政治的上层建筑竖立其上并有一定的社会意识形式与之相适应的现实基础。"②中韩两国首都的地位和问题都是由生产关系和经济基础所决定的,首都的政治地位吸引了优质资源,又反作用于经济上,形成了国家内部发展失衡和贫富差距等问题。毛泽东在《论十大关系》③中就曾对产业、区域、行政和中外这四组关系做过重要论述,这是应对区域发展和产业布局失衡的预防性设想和应对措施。其次,正确看待国家发展中计划与市场的关系。马克思主义政治经济学认为,计划与市场应当有机结合起来,④正如邓小平所说:"计划经济不等于社会主义,资本主义也有计划;市场经济不等于资本主义,社会主义也有市场。"⑤中韩国家制度不同,但在首都和首都圈的规划与布局上既有计划、也有市场,既有自由、也有调控。最后,习近平关于现代国家治理体系的重要论述为本书提供了绝佳的方法论视角。"坚持和完善中国特色社会主义制度、推进国家治理体系和治理能力现代化,是关系党和国家事业兴旺发达、国家长治久安、人民幸福安康的重大问题。"⑥

---

① 宋秀琚:《国际合作理论:批判与建构》,世界知识出版社,2006 年,第 58 页。
② 《马克思恩格斯全集》(第 31 卷),人民出版社,1998 年,第 412 页。
③ 《毛泽东文集》(第七卷),人民出版社,1999 年,第 23 ~ 49 页。
④ 张雷声、董正平:《马克思主义政治经济学原理》,中国人民大学出版社,2015 年,第 178 页。
⑤ 《邓小平文选》(第三卷),人民出版社,1993 年,第 373 页。
⑥ 习近平:《坚持和完善中国特色社会主义制度推进国家治理体系和治理能力现代化》,《求是》,2020 年第 1 期。

二、研究对象

本书的主要研究对象是我国的首都北京和韩国首都首尔,以及以北京和首尔为中心的首都圈地区,在我国就是京津冀地区,在韩国就是以首尔、仁川和京畿为主体,环绕在首都首尔周边的区域。但这并不是说要研究关于中韩首都的一切相关领域,本书也不可能解决这样宏大而庞杂的问题,本书主要还是在国际关系的国别政治比较研究框架下,就中韩首都功能展开研究,继而进行对比,并就首都圈建设的规划、发展与成效进行比较,最后为我国的首都和首都圈建设提出建议。

三、主要内容

本书主要框架与内容如下:

第一,中韩首都及其首都圈相关研究的基本情况。中韩首都都是历史悠久和经济发达的城市,在气候条件、地理位置等方面也有很多相似性,具有一定的可比性。从学界现有的研究成果来看,将北京与首尔进行比较研究并非是近几年才兴起的课题,比较的角度也多种多样,涉及学科遍及经济学、政治学、社会学、地理学、环境学等多个领域。本书将重点放在国际关系的国别政治比较研究框架下中韩首都城市功能与首都圈发展,就相关研究成果进行梳理,整理材料,回顾代表性文献,对已有成果作出评述。

第二,借鉴国别政治研究中结构-功能主义理论框架分析首都与首都圈的发展。首先,从概念入手,定义首都的城市功能,解释相关专有词汇和短语。其次,借鉴结构-功能主义的理论框架,为后文分析中韩两国首都功能做准备。最后,构建首都功能定位与首都圈建设中的理论分析框架,分析一国首都功能与非首都功能对首都城市群发展的影响,以及疏解非首都功能对周围城市的外溢效应。

第三,运用理论,结合实例,通过首都功能的归纳与演绎,论证首都的核心与非核心功能,首都与首都圈的关系。在完成理论框架建构的基础上,首先,列举包括美国、英国、法国等6个国家的首都和首都圈的发展情况,印证前文提出的首都对首都圈功能扩散效应等结构-功能主义理论。其次,在前文构建的理论框架下,进行首都功能的归纳,提出问题,订立假设,得出结论。最后,通过对北京和首尔的建城史分析,特别是成为首都的原因、发展现状与遭遇问题,将北京和首尔置于对比分析的场域中,在分析中对比,在对比中分析。

第四,北京与首尔的首都功能定位。详列首都的基本功能,如经济功能、政治功能、文化功能等,区分哪些属于核心功能,并就首都城市功能实现的条件、附属的运作体系,包括硬件、软件设施、管理体制等进行论述。

第五,北京与首尔的非首都功能疏解。对北京和首尔近年来承载的负载进行梳理,并就城市病问题展开探讨,归纳总结非首都功能的疏解方向,如城市副中心建设、首都非核心功能迁出地选择标准等。比较天津与仁川、河北与京畿、世宗与雄安的情况,总结出非首都功能疏解的一般性规律。

第六,中韩两国首都圈规划与建设。中韩两国在首都圈协同发展的问题上面临类似的问题:京津冀协同发展、北京城市副中心和雄安新区建设都是党中央在21世纪做出的重大战略部署,其时代背景是伴随着北京成为国际化大都市,北京的城市病也开始日益严重,交通、医疗、教育等公共服务资源日益紧张;韩国从20世纪60年代经济腾飞以来,首尔的城市规模开始扩张,各项资源供给紧张,人口规模也逐渐集中,同样也出现了城市病。本书将探索韩国在解决这一问题上的某些经验,如首尔、仁川、京畿的协同发展,如世宗的建设等。北京与首尔有着类似的情况,而天津与仁川、河北与京畿,甚至是雄安与世宗也都有着某些类同点。通过比较研究,对于促进我国首都圈的良性发展,推动京津冀协同发展与互助,促进整个中国经济的发展都有着重大意义。

四、研究路径

本书路径遵循"问题—概念—理论—事实—比较—解决"六步骤展开。

第一,提出现实中待解决的问题。首都北京发展过程中遭遇的瓶颈和困境是现实中存在的问题。他山之石,可以攻玉,以国际关系研究的视角,按照国别政治比较的方法,选取韩国作为比较对象,能否从中吸取经验和教训,为北京和京津冀协同发展提供智力支持? 这一问题是本书研究路径的初始点。

第二,筛选重要文献,特别是高引文献和权威期刊文献,确定核心概念。首先,以篇名或关键词中包含"首都功能""北京""首尔""京津冀""韩国首都圈"为标准筛选出需要考察的文献。其次,在研读这些文献基础上,提炼出"首都功能""首都圈"等核心词汇的科学定义。

第三,拓展文献范围,结合核心词汇的科学定义,阐明核心理论。根据"首都功能""首都圈""京津冀协同发展"等关键词筛选出范围更广的文献,运用概括抽象能力,使用比较方法概括出本书中首都的城市功能,具体分为核心功能、非核心功能,由此提出借鉴和运用国别政治研究中的结构-功能主义理论作为全文的分析框架。

第四,以核心理论为出发点,用事实论述来支撑理论。以"首都功能""首都圈"建设来论及国外部分国家首都和首都圈的情况,然后就北京和首尔的具体情况进行分析,如历史条件、发展过程、现实状况、制约条件、未来规划等。

第五,构建体系框架,进行横向比较。以上述分析整理出的两国首都及首都圈的情况为材料,通过探寻其内在逻辑关系,构建起完整的分析体系框架,然后运用比较方法得出两国在实施具体措施方面的异同点以及经验和教训。

第六,基于中国和韩国的具体实践,在分析现有情况和未来规划的基础上,提出解决问题的方案。所有比较与分析,最终的落脚点是为我国首都北京的良性发展、京津冀协同发展和雄安新区建设作出合理化建议,将研究成果转化为智力支持。

五、主要方法

第一,研究整合法有时候会被称为"文献研究法",但事实上这一称呼并不准确,①研究整合法的确要用到很多文献,也是基于文献资料的一种研究方法,但它是实证的方法,而非经验方法。在现实研究中,特别是社会科学研究中,研究整合法需要在收集资料的基础上,借助辅助工具形成报告并进行系统化的分析,最终形成新的知识或解释。本书将围绕主题查找相关的著作、报告,并进行整理、归类、评价和分析,根据得出的数据资料来描述和解释研究中的问题。由此可见,研究整合法不是简单、重复地查查文献,复述一下他人的观点,相反,这是一种有创造性的研究方法,需要对文献进行组织、分类和管理,还需要借助一些统计工具,运用统计方法。作者在整个研究过程中将采用此种方法,系统查阅、整理和分析相关文献,运用统计方法来归纳和总结文献资料。

---

① 姚计海:《"文献法"是研究方法吗——兼谈研究整合法》,《国家教育行政学院学报》,2017年第7期。

第二,"比较方法要求研究者不是单一地利用理论和经验规则,而是要从多国中进行个案选择和精心设计"①。本书本身就是一种比较研究,比较除了在理论、研究视角和方法论范式中体现出来,更多地是在具体方法工具上的体现。从含义上来讲,比较研究法是在一个统一的标准下,对不同的事物或现象进行对比,从而找到两个或多个比较对象之间的异同点,探寻其中规律,得出最终结论的方法,这一方法经常在社会科学研究中被使用。"在无法依靠实验方法得到精确结论的领域,也就是社会科学的主要领域,比较是不可或缺的方法,因为研究者可以通过对两个或多个变项的比较去伪存真,以确定变项之间的内在联系。"②作者在写作本书的过程中,通过对中韩两国首都及首都圈建设研究的文献进行整理、归纳、分析和总结,梳理出两国在这一方面发展的历史、现状、成就、问题,特别是分析韩国在首都圈协同发展中存在的一些不足与当前的影响因素,与中国的首都圈建设进行比较,获得相关的借鉴经验。当然,这里的比较研究,主要是空间上的横向比较,也包括少部分时间上的纵向比较。

第三,历史研究法。历史研究法也是社会科学领域常见的一种研究方法,主要是在时间轴上采取纵向比较,对研究对象的历史发展过程进行归纳、分析、比较和总结,其目的是在丰富的历史材料基础上将事物发展与进步的因素寻找出来,特别是主要因素,然后分析其中的差异性,探究出事物发展的一般性规律。中韩在各自首都圈的建设上都有着一条清晰明显的历史演进作为线索。北京和首尔都是文明古都。自元朝以来,北京作为全国性的首都一共有将近 800 年的历史,而首尔作为李氏朝鲜的首都也有着 500 多年的历史,特别是两国进入近现代以来,首都和首都圈的发展有着各自的

①　Gerring J, What in A Case Study and What Is It Good for?, *American Political Science Review*, No. 4, 2004, p. 353.

②　李路曲:《国家间的可比性与不可比性分析》,《政治学研究》, 2020 年第 5 期。

历史背景和发展轨迹,在作者的写作过程中,历史思辨的方法便是基于这些基础,通过研究,吸取经验和教训,为我国首都圈的协同发展提供必要的历史语境和解决问题的基本思路。

六、创新之处

第一,选题角度新。国内研究京津冀协同发展的著作和报告在国家出台京津冀协同发展战略前后开始陆续出现,此前的主要关注点是首都圈建设,特别是经济建设,分析视角也多为经济学和管理学。这些论著中有一小部分采取了比较方法,主要是比较京津冀与长三角、珠三角等其他国内城市群,或者是纽约、伦敦、巴黎、东京等世界性的特大城市群建设。韩国与中国同属于东亚文化圈,在历史、文化、教育、经济等方面有着类似性和可比性,又同属于后发的新兴工业化国家,但韩国工业化的程度高,经济发达,已经成为发达国家,这样就有了中国可以学习和借鉴的历史经验和教训。从这个角度来考察,作者运用国际关系下的国别政治比较视角,以中国的京津冀协同发展战略和韩国首尔首都圈发展战略为比较对象,探讨两国在首都协同发展战略及政策的异同,借鉴韩国在建设首都及首都圈中的实践经验,为首都北京和京津冀协同发展提供可参考的建议。

第二,研究方法新。本书采取国际关系研究中的国别政治比较方法,借鉴国别政治研究的结构-功能主义理论框架,通过分析我国首都功能定位和首都圈建设的相关情况,对比首尔和韩国首都圈发展中的战略与政策。这种比较不是单一的空间比较,是时间与空间交错结合的综合比较。韩国首都圈的发展比中国要早,从20世纪60年代开始,韩国政府及民间就开始探讨首都及首都圈的发展问题,而中国首都北京的快速发展要到改革开放以后才逐步出现,这是时间和历史的比较。在空间和现实中,韩国的首尔、仁川与京畿基本属于首都圈的范围,这正好与中国的北京、天津和河北形成了一种空间上的对比。时间与空间的双重对比更有利于探求我国首都圈建设过程中的规律,有利于提高京津冀协同发展的质量与政策实施效率。

第三,文献材料新。首都功能定位和首都圈的协同发展是多方面多角度的,作者在本书写作之际,正值新冠肺炎疫情肆虐全球之际,两国首都圈在此次疫情防控的过程中如何调动积极因素,协同管理,积累的经验和教训已经有部分成果以著作形式呈现,这些都是著作写作中出现的新情况和新材料,为研究首都圈协同发展,特别是为首都安全和医疗卫生等公共服务的协同发展提供了新素材。

第一章 结构与功能:国际比较的分析视角

曾子说:"尊其所闻,则高明矣;行其所知,则光大矣。高明光大,不在于他,在乎加之意而已。"科学研究要求学者"知其意,悟其理,守其则,践其行",首要在于"知其意",也就是说,开展研究工作之前,学者应当明了研究对象的具体意思,知道研究过程中涉及的基本概念含义、基础理论的框架结构。

第一节 首都功能与首都圈相关概念辨析

从"中韩首都功能定位与首都圈建设比较研究"这个题目来说,首先要搞懂"首都功能""首都圈""首都功能定位和首都圈建设之间的关系"等核心词汇和基本关系的概念,以及概念所涉及的特质,统一研究中涉及的术语内容,继而结合理论叙事来论证文章观点。

一、首都与首都圈

(一)首都

首都,在英语中是"capital",做名词使用时有首都、资金、财富的意思,做形容词使用则是极好的意思。在汉语中,"首"就是第一、首要、脑袋;"都"就是都市、城市。从字面上理解,"首都"是首要的都市,最重要的城市。《现代汉语词典》第 7 版中对"首都"的定义是:"国家最高政权机关所在地,是全国的政治中心。"[①]韩语中的首都写作"서울",读音类似于汉语中的"首尔",意思就是首都。在古代中国,首都一般被称为"国都""京城""京师"等,1927年国民政府定都南京,开始使用"首都"一词。一般认为,首都就是一个国家中央政府机关所在地,也就是一国的政治中心,具备管理全国日常事务的行政中心,也是国家的主权象征和国家主要政府机关所在地。有时甚至会用首都来指代国家,如"首尔"指代大韩民国、"平壤"指代朝鲜民主主义人民共和国、"莫斯科"指代俄罗斯联邦,其政治意味浓厚。现今世界上的许多国家,首都都是其国内规模最大、功能最全的城市,如英国的伦敦、法国的巴黎、日本的东京、韩国的首尔。但也有一些国家的首都并不是本国的经济中心,仅仅只是政治中心,如美国的华盛顿;有的国家还会有多个首都,分别承担行政管理中心、立法机关中心、司法机关中心的功能,如荷兰、南非;许多国家也没有在宪法或法律文件中明确规定本国首都所在地,而是依据自然习惯或历史成规,如英国、日本。

---

① 中国社会科学院语言研究所词典编辑室编:《现代汉语词典》,商务印书馆,2016 年,第1205 页。

(二)首都圈

从字面上理解,首都圈就是以首都为中心的都市圈或城市群。但"圈"并一定是严格指代近乎圆形的地理范围,而是指与首都的地理联系。归根到底,首都圈也是一种城市群。20 世纪 50 年代,日本在国内城市建设中较早使用了都市圈的概念,也就是在一定的地理范围内,以一天为时间衡量周期,受到中心城市①某一方面功能辐射或公共服务的地域范围。② 随着二战后日本经济的快速发展,城市规模急剧扩张,都市圈如雨后春笋般快速发展,20 世纪 60 年代开始,日本出现了大型都市圈,中心城市人口规模达到上百万人,都市圈内部经济、社会、文化、交通联系紧密。③ 在其他国家,对都市圈的称呼虽然不尽相同,但其实质基本一样,如美国、加拿大、澳大利亚等国的"大都市区"(Metropolitan Area)、"通勤圈"(Commuting Circle)和"城市场"(Urban Field),法国的"大都市带"(Megalopolis)等。综合来看,首都圈就是以首都城市为中心的都市圈或城市群,首都圈的辐射功能可能不仅仅限于圈内城市,有时候甚至能影响全国,因为首都圈的中心城市就是首都,圈内分布着许多中央政府机关,政治功能强大。

二、城市功能与首都功能

(一)城市功能

简而言之,城市功能就是一个城市所能发挥的作用,有时候也被称作城市职能,它体现了城市的价值。城市功能作用于经济和社会领域,涉及政

---

① 中心城市需要达到一定的人口规模,日本行政管理厅当时规定城市人口规模需在 10 万人以上。

② [日]木内信藏:《都市地理学研究》,古今书院,1951 年,第 322 ~ 335 页。

③ 谭成文、杨开忠、谭遂:《中国首都圈的概念与划分》,《地理学与国土研究》,2000 年第 4 期。

治、经济、社会、文化、交通和国际交往等多个方面,如果细分种类,还可以分为产业功能、旅游功能、物流功能、医疗功能和教育功能等。这些功能,按重要性来排列,首先是核心功能,其次是非核心功能,或称作辅助功能、叠加功能。一般城市都具备的功能,就是城市的普遍功能,也就是公共功能,通常包含了核心功能和辅助功能。① 城市功能虽然多种多样,但从城市形成的历史来看,城市是因为防卫需求和商品经济而兴,所以,城市最初和最基本的功能就是安全和经济活动。从特性来看,城市功能具有完整性、系统性、层次性和开放性。第一,完整性也就是整体性,也就是说,城市所有的功能不是简单的要素相加,毫无章法,而是一个有机的联合整体。每种城市功能都是整体性的一部分,依据城市需要各自发挥作用。第二,系统性是城市的内在结构所决定的,城市系统内部的政治功能、经济功能、文化功能、国际交往功能等相互作用和联系的方式和运作这种方式的机制,它们共同构成城市的功能结构。第三,层次性是城市功能中主系统、子系统,功能中二级再分功能,乃至三级、四级再分功能的具体表现形式。第四,开放性是所有城市的显著特点,不开放的城市在当今世界并不存在,"小国寡民"式的生活只存在于封建时代的乡村之中。因而城市功能也具备很强的开放性,这种开放性就是城市对外部环境的要素吸收、消化、整合和作用、辐射的全过程。

(二)首都功能

首都功能,从字面上理解,就是首都城市的功能。首都也是城市,是具有全国性政治意义的城市,所有城市具有的基本功能,首都也都拥有。作为一国权力的象征,首都城市首要的功能就是政治功能,这也是首都的核心功能,集中体现在三个方面:第一,国家政府机关、法律权威和民族共同体整合的中心;第二,对外保卫国家安全,对内保证社会稳定的中心;第三,国家外

---

① 何盛明:《财经大辞典》,中国财政经济出版社,2013 年,第 675~676 页。

交、国际经济活动与文化交往的中心。① 由核心功能扩展开来,首都城市还具有一般功能、特性功能、主导功能和综合性功能。一般功能就是首都作为城市,区别于农村地区的基本服务性功能,是城市所具有的共同性质。特性功能是首都所具有的独特功能,如果说首都的一般功能是矛盾的普遍性,那首都的特性功能就是矛盾的特殊性。特性功能表明了首都为什么是首都,是首都区别于其他城市功能的界线,如首都的国际交往功能(外交功能)。主导功能是首都诸多功能中居于主要位置的功能,可以看成是矛盾的主要方面,它影响着首都城市的日常运行。不言而喻,一国首都的主导功能就是政治功能,特别是行政管理功能。综合功能则是首都多种功能有机结合后的综合性表现,综合功能在特大型城市都会有所体现,特别是区域性政治、经济、文化中心城市。当然,这种功能在首都城市的表现是最为典型和突出的。

三、京津冀与京津冀协同发展

(一)京津冀

京津冀原本是一个地理概念,它指的是位于我国华北地区的北京市、天津市和河北省,这三个省级行政单位中北京市和天津市属于直辖市,河北省则是由石家庄市、唐山市、保定市、邢台市、邯郸市、衡水市、沧州市、廊坊市、承德市、张家口市和秦皇岛市组成。

随着时代的发展,我国经济高速增长,京津冀逐渐由单纯的地理概念演变为地理、经济、社会等多种因素构成的复合型概念,特别是经济概念的加

---

① 彭兴业:《面向新世纪的首都城市功能定位与展望》,《中国特色社会主义研究》,2000 年第 4 期。

入,使得京津冀成为长三角、珠三角之外的期待中的"经济第三增长极"。进入21世纪后,提及京津冀,人们脑中所形成的第一印象是首都经济圈、京津冀城市群、环渤海经济带,事实上,这三个概念并不与京津冀完全重合。首都经济圈一般认为是以北京为核心的经济发展区域,包括北京市、天津市和河北省的8个地级市及其所管辖的15个县级市。① 京津冀城市群的范围大于首都经济圈,除上述地区外,还包括邢台、邯郸和衡水3个地级市及其下辖的南宫、武安、沙河和深州4个县级市。环渤海经济带也是以北京为中心的区域经济一体化规划,但它与京津冀城市群和首都经济圈这两个概念其实并没有联系,狭义上讲,它包含北京市、天津市、河北省、山东省和辽宁省,广义上讲,除上述区域外,它还包括内蒙古自治区和山西省,其地理范围远远大于京津冀城市群和首都经济圈。不过,这三者也有着一些内在联系,它们不论在地理关系还是经济关系上都有重复,而且都是以北京为中心,甚至有人把环渤海经济带看作扩大版的首都经济圈,更有意思的是,京津冀地区最早协同发展的官方机制就是环渤海区域合作市长联席会,这一机制也可以被看作京津冀协同发展战略的前身。

(二)京津冀协同发展

京津冀协同发展是贯穿本书的一个概念,它在前文已经出现,在后文还会反复出现,但有趣的是,这个概念相较于其他概念出现的时间是最晚的,却是影响最为深远,意义最为重大的。20世纪90年代以来,以珠三角和长三角为代表的区域经济一体化快速发展,地区经济高速增长,但区域内外的经济失衡现象也越来越凸显,特别是京津冀地区。北京和天津在政治、经济、文化等方面占据先天优势,又有后天政策支持,其发展速度和质量远远

---

① 这8个地级市是石家庄、唐山、保定、沧州、廊坊、秦皇岛、承德和张家口,15个县级市是新乐、辛集、晋州、遵化、迁安、涿州、定州、安国、高碑店、霸州、泊头、任丘、黄骅、河间和三河。

超过毗邻的河北,京津成为华北地区经济的高地,而河北则处于洼地的处境,京津带动河北经济发展的情况并没有出现,反而形成了一条"环京津贫困带"。为解决这一问题,国家在编制"十二五"规划时,将"京津冀区域一体化"和"首都经济圈"写入其中。2013年5月,习近平在天津调研期间提出,要做好京津"双城记"的规划工作;同年8月,习近平在北戴河召开会议研究河北省的经济发展问题,提出"京津冀协同发展"的重要性;2014年2月26日,习近平在北京专门召开会议,听取各方汇报,第一次将"京津冀协同发展"战略上升到国家战略的层面。至此,从"环渤海地区市长联席会"到"京津冀协同发展",经历三十多年的演进与变革,几易其名,京津冀协同发展的大幕正式拉开。

四、韩国首都圈

韩国首都圈,在韩语中,写作"수도권",从地理位置来看,首都圈位于韩国的西北地区,与北部的朝鲜民主主义人民共和国接壤。韩国首都圈的基本范围包括首都首尔和仁川两市,京畿道,以及江原道春川市,忠清南道的天安市、牙山市。①

虽然首都圈的总体面积只占韩国领土面积的12%,但集中了全国总人口的50%以上,②是韩国政治、经济、文化、社会和国际交往的中心。在政治上,韩国总统府、国会、大法院(最高法院)等最高行政、立法、司法机构与重要官员都在首都圈内;在经济上,现代、三星、SK、LG等韩国大财团都有重要机构驻扎在首都圈;在历史文化方面,朝鲜王朝的宗庙、君主居住过的昌德

① 이영규·심진경·안영이·신은영·윤지선,"수도권 [首都圈]",네이버 지식백과,https://terms.naver.com/entry.nhn?docId=958819&cid=47312&categoryId=47312,2010년 8월 5일.

② 曹启挺等:《大韩民国》,行政区划网,http://www.xzqh.org/old/waiguo/asia/1005.htm.

宫,还有朝鲜王陵、南汉山城、水原华城、首尔大学也都在首都圈内。所以,韩国首都圈不仅是占据人口上的多数,在产业、文保、教育、医疗、娱乐等各个方面,首都圈都有着绝对优势。随着韩国首都圈的快速发展,交通拥堵、环境污染、基础设施短缺、医疗、教育、住房等公共服务供给出现困难,首都圈内都市区与边缘区、首都圈与非首都圈的矛盾日益激化。为此,韩国政府制定了《首尔都市圈改善计划法》,规范首都圈的产业布局和土地利用,限制人口过度集中,将都市区划分为控制区、管理区和保护区三个部分,以达到控制人口、适度增长和保护环境的目标。

五、城市病与功能疏解

(一)城市病

城市病一词,在韩语中表述为"도시 문제(都市问题)",在现代社会的科学研究和日常生活中经常被提及,它是伴随着工业革命后现代城市的建立与扩张过程中产生的特殊语境下的名词。一般认为,城市病是指在城市发展的过程中产生的负面效应或社会问题,如生态环境恶化、交通拥挤、公共设施资源短缺、住房紧张、供电供水供气等市民服务不足、犯罪率高等,总而言之,城市病其实就是对城市物质或精神供给出现了某种失衡所导致的。[①] 城市在给居民提供生活便利的同时,也带来了"副产品",如堵车、雾霾、上学难、看病难等,究其原因,是盲目地追求城市规模,而不注重城市发展的品质。简单的"摊大饼"式发展。城市规划都是一环、二环、三环往外扩展,农用耕地被占用,人地矛盾激化,征地问题突出,基础设施没有完善的情况下就上马"大项目",造成了公共服务短缺,降低了城市居民生活的满足感

---

① 邓伟志编:《社会学辞典》,上海辞书出版社,2009年,第455页。

和幸福感。城市病是所有国家在由前现代农业社会迈向现代工业社会过程中必将经历的阵痛。近些年来,我国已经提出要建设绿色城市、智慧城市、海绵城市等,说明我国的城市化发展已经由单一地关注数量、规模和财富转到了更加全面和多元,将更多的目光投入城市发展的质量、品质和内涵上。

(二)功能疏解

功能疏解(Function dispelling)指的是城市功能的疏解,在本书中,一般是指首都城市功能的疏解,也就是非首都功能的疏解,或者说是有规划、有秩序、有目标的迁出。作为一个国家的首都,有着明确的定位和核心功能,特别是政治功能。世界上大部分有着中央政府驻地的城市多是首都或具有首都功能,而规模最大、人口最多、经济最发达的城市则不一定是一国的首都。如美国首都华盛顿,严格来说,并不是一个"大城市",纽约号称"世界之都",也有着很多美国联邦机构驻扎,但并非是美国的首都。首都城市功能疏解不能一概而论,需要根据所在国的实际情况来确定如何界定非首都功能。一般而言,非首都功能是首都在建设和发展过程中并不需要或不急切需要的城市功能,即非必要功能。2014年2月16日,习近平在北京市考察工作时,明确将首都核心功能界定为"政治中心、文化中心、国际交往中心、科技创新中心",他说:"要坚持和强化首都核心功能,调整和弱化不适宜首都的功能,把一些功能转移到河北、天津去,这就是大禹治水的道理。"[①]2015年2月10日,习近平在中央财经领导小组(现为中央财经委员会)第九次会议上再次提出要疏解北京"非首都功能",不能增加北京的城市负担,也没有理由让北京承担过多的功能。在中央的领导和部署下,国家正式设立北京城市副中心和河北雄安新区作为北京城市的"两翼",首都的非核心功能将

---

① 《开辟高质量发展的光明前景——以习近平同志为核心的党中央谋划推动京津冀协同发展五周年纪实》,新华网,http://www.xinhuanet.com/mrdx/2017-09/19/c_136620028.htm.

被转移到这里。

六、首都功能定位和首都圈建设之间的关系

从国别政治研究的角度来看,首都功能定位和首都圈建设之间有三重联系。首先,首都功能定位对首都圈建设有决定作用。首都对自身城市功能的定位影响着首都圈的建设规划和实施,首都城市的非核心功能疏解迁入地一般都会考虑空间距离,首都圈便成为首选地,从这个角度来看,首都功能的定位实际上也是对首都圈功能的定位。其次,首都圈建设对首都功能定位有反作用效果。首都圈往往由至少1个以上的行政区域组成,这些行政单位有自身的政治和经济计划,不论是来自单一制国家中强大中央政府的指导,还是联邦制国家中根据自治权力所制定,它们都会与首都的某些功能有重复。因此,首都在进行功能定位的时候应当考虑到这些因素,做到协同共享,减少对资源的浪费。最后,首都圈是首都功能辐射的范围,也就是首都功能扩散和外溢后的影响区域。诚然,首都圈是首都疏解功能的主要迁入地,疏解非首都功能是为了治理首都的城市病,但也是要在首都的带领下,促进首都圈乃至全国的均衡发展,实现共同繁荣。由此可见,首都功能定位和首都圈建设是有机联系的整体,不可分离。这里只是简单地探讨了两者关系,本书第五章第一节还将作深入说明。

第二节 中韩首都比较研究的理论框架

通过对与本书相关概念的辨析,作者初步解释了关于首都功能定位和首都圈建设的一些学术性词汇与短语。在此基础上,第二节将搭建研究的

理论分析框架,通过借鉴国别政治研究中的结构-功能主义作为本书的理论视角,实现对首都功能定位、疏解和首都圈建设分析的科学化、理论化和系统化目标。

结构-功能主义(Structural functionalism)源于功能主义(Functionalism),从理论规范的角度来看,它们都具有相同思想流派和理论范畴的特征:两者都借鉴了自然科学,特别是生物学中的一些概念和学科逻辑,将研究对象视为一个有机体,或是类比为人类,"功能"的含义都是来源于生命系统中"器官"的"功能"。此外,两者都很关注个体与整体的关系,特别是个体对整体的影响和整体对个体的反作用。功能主义认为合作和一体化推动了区域整合,结构-功能主义强调政治结构对过程功能的影响。事实上,在理论假设、推导、实践和结论等方面,两者也有许多相似之处,因此它们都可以被视为是国际关系学科研究中的"泛功能主义学派"(Pan - Functionalist School)或"大功能主义学派"(Grand Functionalist School),只不过功能主义侧重于分析国际合作和一体化,结构-功能主义侧重于解释国别政治,特别是不同国家政治体系运作的相互比较。"泛功能主义",或简称为"功能主义"是科学化的理论,其中许多概念、假设和变量可以被借鉴到本书中,如"扩展""外溢""交往""结构""功能"等。

一、功能主义的演进

功能主义是一个跨学科的理论概念,社会学、心理学、建筑学、人类学、语言学、历史学,乃至于生物学等学科中都有属于自己的功能主义理论。在社会科学研究领域,19 世纪以来的社会学家仿照自然科学中对"有机体"的认定方式,将社会视为一个"有机体"进行研究,法国社会学家埃米尔·杜尔凯姆(Emile Durkheim)认为社会现象对应着社会"有机体"的某种需求,他倡导的思维方式填补了社会学研究中分析方法的某些空白。其后，其他社会科学也开始引进功能主义的理论分析框架，如功能主义为人类学提供了替代进化论和特征扩散分析的方法，哲学家们以功能主义扩展了亚里士多德（Aristotle）的灵魂概念和托马斯·霍布斯（Thomas Hobbes）"计算机机器"的精神观。总体而言，社会科学中的功能主义一般都有一个假设前提，即现实社会中的研究对象，不论是制度、规范、角色，还是体系、格局、秩序等，都是社会长期生存和运转的必要因素，也是具有目的性的存在。功能是系统内部构成之间的互动关系，也是现象，更是后果。所以，所有研究对象所达到的形态，起决定性作用的并非内部构成，而是其自身在系统中的功能方式或所起的作用。

相较于其他社会科学中功能主义"哲理性"的表达方式，国际关系学中的功能主义理论更加清晰和实用，指导着国际合作和一体化的具体实践活动。功能主义理论始于对欧洲整合过程的关注，根植于人们对两次世界大战的深刻思考之中，其根源可以追溯到康德的世界主义和理想自由主义传统。功能主义者主要关注国际关系行为体在国际合作和一体化过程中的共同利益和需求，这一点与现实主义学者们着重强调民族国家利益的主权观大不相同。[1] 因此，罗伯特·基欧汉（Robert Keohane）认为"功能主义是20世纪第一个以超越国家主权观来谈论合作问题的非马克思主义思想"[2]。从理论分类来看，不同于汉斯·摩根索（Hans Morgenthau）、肯尼斯·沃尔兹（Kenneth N. Waltz）或伊曼纽尔·沃勒斯坦（Immanuel Wallerstein）构建的现实主义、新现实主义、世界体系这样的宏观大理论，国际关系领域中出现的

---

[1]　Stephen McGlinchey, Rosie Walters and Christian Scheinpflug, *International Relations Theory*, E-International Relations Publishing, 2017, pp. 76–78.

[2]　曾怡仁、吴政嵘：《密特兰尼的功能主义国际关系理论——一种比较的观点》，《台湾国际研究季刊》，2009年第4期。台湾地区学者一般将"Mitrany"译作"密特兰尼"。

功能主义一般被看作是中层理论,是一种基本上着眼于国际关系中比较具体的现象或问题,用尽可能少的变量来描述和解释现象或问题的理论。①

戴维·米特兰尼(David Mitrany)可以说是最早,也是最具有代表性的功能主义学者。他最重要的理论贡献体现在 1943 年出版的《有效的和平体制》一书中。② 米特兰尼认为,国际合作和一体化是国家间集体治理和相互依存的表现,国家在功能、技术和经济等领域的一体化会成为自身的内驱力,国际组织在专业性上的优势将满足民众的需求,提供给人们切实的福利与利益,并以此吸引民众的忠诚和归附,激励他们积极参与,随之一体化的深度和广度都将因此而进一步扩展。米特兰尼的理论没有脱离传统功能主义的假设,国际合作和一体化仍然是在一定的框架内进行,已有的人类常识和技能满足了专业性国际组织的需要,而作为主要的国际关系行为体——国家并不会破坏功能化的进程。米特兰尼的理论也有独特的一面。大多数学者的功能主义是一种经济层面的区域整合理论,以"扩展"(ramification)的概念作为分析问题的中心,认为国家和国家之间的某一功能部门合作的成功会触发其他部门之间的合作需求,最终形成国家之间的相互依赖,直至政治上的合作,成为政治联合体。但米特兰尼的功能主义出发点是民众需求和公共福利,强调人类的学习能力和社会的同化作用将超越民族国家认同,形成"世界社会"(world society)。可见,米特兰尼之所以成为"米特兰尼",不仅仅是他功能主义理论中关于"扩展效应"的论述,或是对于国际合作和一体化的贡献,更在于他的理论中体现出来的乐观精神和人文关怀。

在米特兰尼之后,由于社会发展和现实需要,新功能主义(Neo - func-

---

① John M. Hobson, *The State and International Relations*, Cambridge University Press, 2000, pp. 81 – 82.

② [美]詹姆斯·多尔蒂、小罗伯特·普法尔茨格拉夫:《争论中的国际关系理论》,阎学通、陈寒溪等译,世界知识出版社,2003 年,第 550~551 页。

tionalism)逐渐成长起来。新功能主义继承了以米特兰尼为代表的功能主义思想,"细化、修正或检验了有关一体化理论的假设"①,其代表人物有厄恩斯特·哈斯(Ernst Haas)、约瑟夫·奈(Joseph Nye)、菲利普·施米特(Philip Schmitt)、劳伦斯·沙因曼(Laurence Shainman)等人。新功能主义淡化了"世界社会"的全球性,重点关注它的区域性,更加注重实用主义和现实实践,可以说,新功能主义既是一种理论,同时也是区域一体化的战略。新功能主义学者主要研究国际合作和一体化的过程,特别是区域一体化,他们认为国家最初是在有限的功能或经济领域内进行合作,继而整合,而整合一旦开启,就很难被逆转。随着获益增加和预期提高,国家合作的动力增强,新的一体化阶段随之来临,这种现象被称为"外溢效应"(spillover)。一般而言,外溢有两种:功能外溢和政治外溢。功能外溢是指由于经济领域之间紧密联系,某一项政策的制定和实施会波及其他领域;政治外溢指民族国家建立的超国家治理结构,如欧盟、联合国等。哈斯的主要研究对象就是欧洲的联合,他延续了让·莫内(Jean Monnet)关于欧洲一体化的实践思路,主张整合经济领域的各个部门,实现外溢效应,最终达到政治上的一体化。

无论功能主义,还是新功能主义,它们在国际关系研究中的理论主张既是优点也是缺陷,国际合作和一体化都是渐进的过程,并不是简单的线性发展,将其简单化地视作单向线性过程无法解释国际合作和一体化进程中遇到的困难、挫折和反复。

---

① [美]詹姆斯·多尔蒂、小罗伯特·普法尔茨格拉夫:《争论中的国际关系理论》,阎学通、陈寒溪等译,世界知识出版社,2003 年,第 551 页。

二、国别政治研究中的结构-功能主义

结构-功能主义是一种将结构和功能视为主要变量的理论框架,有时也会被简称为功能主义、功能学派或功能论,在社会科学研究中被广泛应用。结构-功能主义以系统方式看待社会现象,认为社会是一个由众多部分组成的复合性体系,是一个整体,各个部分之间通力合作,保障了社会的稳定和运行,就如同人类的内部器官一样。社会功能是理解结构-功能主义的另一个维度,社会是功能的综合体,不仅有风俗和传统等文化层面,也有法律和机制等制度层面。赫伯特·斯宾塞(Herbert Spencer)认为社会和人的身体类似,需要各个部分的"器官"配合运作,才能保证正常工作,研究社会现象就需要从社会结构和功能入手,探究其有机构成的方式和系统运行。安东尼·吉登斯(Anthony Giddens)的《社会的结构——结构化理论纲要》一书对此有着相关论述:他认为从奥古斯特·孔德(Auguste Condé)以来,社会科学的学者们希望增强学科研究的科学性,结构-功能主义就开始向生物学借鉴了框架和模型,构建了结构和功能这两个核心概念,同时也是重要的变量,以适应机制来分析社会演变。但是也有部分学者并不认同结构-功能主义是一个思想流派或理论主张,如塔尔科特·帕森斯(Talcott Parsons)觉得结构-功能主义只是在描述社会科学方法论的发展阶段。

在国际关系学科范畴内,结构-功能主义主要被用于国别政治研究,特别是国家之间政治制度的比较,加布里埃尔·A. 阿尔蒙德(Gabriel A. Almond)创建比较政治学的结构-功能主义是其重要代表。阿尔蒙德用体系—过程—政策的分析框架来研究国别政治,比较不同国家的政治体制,他认为在政治学中,不论是描述、解释,甚至是预测政治现象,"我们都可能用到比

较方法"①。"比较政治是对两个及以上的政治现象进行比较,它是在政治现象之间进行的,是以政治现象为单位进行的比较研究。"②阿尔蒙德的结构-功能主义通过比较来探究结构与功能之间的相互关系和作用机制,实现了从政策层面对事物的绩效和结果进行评估。③ 政策评估也是结构-功能主义的一个重要方面,学者一般从效力、效率和经济三大原则来考察研究客体对有关政策的适应性和有效性,④还有具体政策与经济、政府与公司的关系,政府与国家支配政治体系⑤在政治决策和行动中的地位,特别是政府发挥作用的效应和边界。"在经济、教育、能源规划、环境保护等领域我们需要政府的干预。"⑥市场、公司和社会组织也有着相应的角色和作用。

　　国别政治研究中结构-功能主义的核心概念和变量就是"结构"和"功能"。国家政治生活千头万绪,制定法律、日常管理、公共服务、外交事务等,无一不需要专业化的结构来进行运作,如立法机构、内政部、民政部、外交部等,机构履行功能,功能又反作用于国家政治,也就是说,政策是对国家目标的反映,机构(结构)提供了手段。国家政治中的结构主要包括6种类型:立法机关、行政机关、法院、政党、官僚机构和利益集团。政治体系及其结构普遍存在于当今世界的国家之中,但运转方式并不相同,空间和时间影响着具体的形式:不同的国家,政治体系不同,即使是相似的政治结构,表现出的功

---

①　[美]加布里埃尔·A.阿尔蒙德、拉塞尔·J.多尔顿、小 G.宾厄姆·鲍威尔、卡雷·斯特罗姆等:《当代比较政治学:世界视野》,杨红伟、吴新叶、方卿、曾纪茂译,上海人民出版社,2010 年,第36 页。

②　李路曲:《国家间的可比性与不可比性分析》,《政治学研究》,2020 年第 5 期。

③　[美]加布里埃尔·A.阿尔蒙德、拉塞尔·J.多尔顿、小 G.宾厄姆·鲍威尔、卡雷·斯特罗姆等:《当代比较政治学:世界视野》,杨红伟、吴新叶、方卿、曾纪茂译,上海人民出版社,2010 年,第46～47 页。

④　燕继荣:《政治学十五讲》,北京大学出版社,2004 年,第240～244 页。

⑤　[美]罗伯特·A.达尔、布鲁斯·斯泰恩布里克纳:《现代政治分析》,吴勇译,中国人民大学出版社,2012 年,第43 页。

⑥　[美]迈克尔·罗斯金等:《政治科学》,林震等译,中国人民大学出版社,2009 年,第396～397 页。

能也并不一样;相同的国家在不同历史时期,政治体系和政治结构会有所改变,政治功能也会随之变化。

结构与功能的联系,是具体过程的表达,也是政策和绩效的联系,政治功能是政治体系下具体政策的制定与执行,主要表现为利益的表达和综合、政策的制定、执行和裁决,以上所有可以统称为过程功能。在国家政治生活中,政治过程往往随着利益表达而进行。政治过程表达出来的三项功能为社会化、政治录用和政治沟通,它们决定着政治体系的稳定。社会化指存在于国家政治生活中的一系列政治结构,如媒体、社会组织等可以对政治态度产生影响的实体;政治录用是指挑选政治活动成员或公务员;政治沟通是政治体系内各个组成部分之间的信息流动。政治体系的功能表达通过政治过程的执行进行"输出",功能形式的具体表达有管制、提取、分配等,它们有机联系,产生的综合效用对经济、政治、文化、社会、军事、外交等方面发挥着重大的影响力。

结构-功能主义被认为是保守主义的政治学研究范式,它在研究国别政治时描述的是特定指向的国家政治体系、结构和功能,批判者认为这是在展现对现状的偏好,具有明显的价值取向,甚至是在颂扬独裁或威权体制的合法性。其实,这是对于结构-功能主义的严重误解,不论是阿尔蒙德,还是其他的结构-功能主义者,他们只是在描述和解释政治体系,提供理论视角解读国别政治,并不涉及任何价值判断。

三、首都功能定位与首都圈建设中的理论分析框架

本书在专业方向上属于国际关系的学科范围,是国际关系学中典型的国别政治比较研究,在理论构建和分析框架上将借鉴功能主义和结构-功能主义的假设和变量,得出相应的结论。功能主义的核心假设是"扩展"和"外

溢":扩展是某一个部门或领域合作的成功会触发其他部门或领域之间的合作需求,最终实现多部门乃至全部门之间的合作;外溢是随着实际获益增加,对未来的预期也随之提高,国家间合作的动力增强,新的合作阶段被激发启动。结构-功能主义的核心假设是结构和功能构成体系,结构决定功能,功能有具体的表现形式。作者借鉴功能主义和结构-功能主义理论,结合本书的主题,自制表2说明本书设计的理论分析框架。

表2 首都功能定位与首都圈建设中的理论分析框架

理论框架	假设	变量	推导
功能主义 新功能主义	1. 政治功能有聚集效应,能够衍生出其他功能,从而巩固和强化首都地位 2. 首都圈发展由顶层的经济设计开始,会扩展到新的方面和阶段	首都、首都圈、政治、安全、国际交往、经济、文化、教育	1. 政治功能的地位如何? 首都功能如何形成? 如何分类? 如何扩展 2. 首都对首都圈的作用机制与辐射能力 3. 首都功能如何正确定位? 非首都功能疏解的基本原则、方案制定与执行
结构-功能主义	1. 自然因素(结构)决定城市功能 2. 首都的三大核心功能是政治、安全(国防)和国际交往/外交功能,它们决定着首都城市体系的稳定	1. 自然因素(结构):地理位置、气候条件、战略地位、人口组成 2. 首都核心功能:政治功能、安全功能、国际交往/外交功能	

从假设来看,作者借鉴了功能主义理论中的核心变量"扩展""外溢"和结构-功能主义理论中"结构""功能"等重要概念的基本表述,将它们运用到中韩国别政治中首都功能定位和首都圈建设的问题上。首都政治功能的聚集效应产生衍生功能的过程正是"扩展"的表现,首都功能的扩散和非首都功能疏解则是典型的"外溢"现象。自然因素(结构)对城市功能的影响可以看作"结构"对"功能"的决定性作用,首都的政治、安全(国防)和国际交往(外交)是政治运作过程表达出来的三大核心功能,决定着首都城市体系的稳定。从变量来看,首都、首都圈、政治、安全、国际交往、经济、文化、教育等是借鉴了功能主义中经济、安全、社会、政治等基础性概念,自然因素实际上

是一种结构的表现,也就是由地理、气候、战略和人口组成的复合型自然结构,首都功能对应的是结构-功能主义中政治体系下的政治过程和政治表达。从结论来看,本书的主要观点也都是基于功能主义和结构-功能主义分析框架所得出的。

　　作者通过借鉴理论分析框架,结合本书的具体方向,选取具有代表性的6个国家首都,就其首都功能和首都圈情况进行论述和比较,再采用逻辑归纳,提出一个问题、一个假设和一个结论。利用得出的推论,进行逻辑的演绎,然后按照理论推演的结果,分析中韩两国首都和首都圈的历史与现实,以理论对照实践,以实践检验理论。最后,论证中韩两国首都功能定位、非首都功能疏解和首都圈建设,在此过程中用比较的方法得出结论,并对我国京津冀协同发展提出建议。这就是国别政治研究中结构-功能主义理论在本书写作中被具体运用的过程。

第二章　首都城市功能与首都圈建设

　　本书需要通过比较的过程和方法来达到目的,而比较不仅仅是简单列出相关情况进行描述和解释,也不是只有中韩两国的空间对比,而是在空间和时间上都有更加多维的比较。按照第一章中"研究路径"提出的方案,作者将遵循"问题—概念—理论—事实—比较—解决"6 个步骤展开。前文已经对"概念"和"理论"作出了详细论述,作者将借鉴国别政治研究中结构-功能主义理论的分析框架,将国外一些国家的情况作为案例进行研究,在此基础上提出问题并做出假设,通过分析得到结论,再通过对北京和首尔两座城市的历史、发展和现实来验证结论,为后文中韩首都功能定位、非首都功能疏解和首都圈建设的对比奠定基础。

第一节　功能扩散:国外首都与首都圈

　　在世界近代历史上,发达国家对于首都的规划、开发和建设相对较早。19 世纪初,伦敦常住人口在不到 30 年的时间里,由不足 100 万人发展至接近 180 万人,马路上时常出现马车拥堵的现象,为解决这一问题,伦敦修建了全世界最早的一条地铁,并于 1863 年 1 月 10 日正式通车。1853 年至 1870 年,法国皇帝拿破仑三世(Napoléon Ⅲ)命令乔治-欧仁·奥斯曼(Georges-Eugène Haussmann)主持了对首都巴黎的改建计划。该计划的实施缓解了城市交通与道路拥挤,建设了新的公共设施,如公园等,新增了一批市政工程,为巴黎市民提供了更加舒适的城市生活。① 欧美国家对首都和首都圈的规划与建设经历了无序、随意,到实用、便利,再到绿色和可持续发展。日本与中韩两国一样,地处东亚,又都是儒家文化圈内的国家,有着许多相似的国情与文化背景。近代以来,日本首先实行了明治维新,脱亚入欧,德川幕府驻地江户更名东京,从此成为日本的首都。东京这座由德川家康规划和设计的城市因为政治功能而兴起,又据有便利的交通条件而成为日本的经济中心,继而发展为文化、教育、科技创新的中心。历史上,日本曾经按照北魏首都洛阳和唐朝首都长安的样子建造了平城京,公元 794 年至 1868 年的日本首都平安京更是别称为"洛阳",几乎就是唐代洛阳城的翻版。首都东京的发展更是一个充满了内外互鉴的过程。对发达国家首都与首都圈发展历史的回溯有利于关键概念的确定,为理解和解释中韩两国首都功能定位与首都圈建设的现状和未来提供理论和实践支撑。

中国至今为止仍是世界上最大的发展中国家,发达国家的首都和首都圈建设案例能够用来检验本书中的一些概念和理论,但并不全面。巴西和南非是发展中国家,也是金砖国家成员,又分别位于南美洲和非洲,有着很强的典型意义。另外,巴西在历史上三易首都,② 每次迁都有其深刻原因,或为环境所困,或为安全所扰,对于迁都和选择新都的理由及决策过程是本书

---

① 朱明:《奥斯曼时期的巴黎城市改造和城市化》,《世界历史》,2011 年第 3 期。
② 巴西利亚是巴西现在的首都,萨尔瓦多和里约热内卢曾经是巴西的首都。

分析框架的重要组成部分,因此巴西是一个很好的案例。南非属于多首都国家,这种情况在世界上并不多见,但也不是绝无仅有。多首都是否就一定优于单一首都?设立多首都的意义又何在?对于这些问题的探索,也有利于解答首都城市功能和首都圈对首都功能承接方面的疑问。

一、华盛顿和华盛顿大都会区

美国首都华盛顿,正式的称呼是华盛顿哥伦比亚特区(Washington,D.C.),从1800年开始成为美国的首都,美国联邦政府机构、各国驻美使领馆和一些国际机构总部都设在华盛顿。1776年美国建国后,定都于费城,1785年,纽约成为美国的首都,1790年7月1日,美国国会通过了《首都选址法》(Residence Act),正式迁都前,费城作为临时首都代行首都职能,1800年,美国联邦政府正式迁往华盛顿。从地理位置来看,华盛顿不在美国内陆腹地,但也并非沿海城市,而是位于波多马克河(Potomac River)和安那考斯迪亚河(Anacostia River)交汇处附近,它也不属于美国任何一个州,而是由美国国会直接管辖的联邦领土,有点类似于我国的直辖市。

从美国首都的变迁可以看出,相较于华盛顿,费城和纽约都更加临近大西洋,在美国建国初期,费城和纽约的人口规模、经济实力与社会发育程度都决定了它们理所当然的首都地位,直至今日,纽约仍然是美国人口最多、经济实力最为发达的城市,也是全球的经济、金融、商业、娱乐、传媒和教育中心之一。美国在建国初期就选择新建首都,而非简单地选择既有的经济中心或人口最多的城市,一方面是由于美国初建,国家安全优先于经济和人力资源因素;另一方面,当时的美国领土面积狭小,所管辖范围基本集中于北美大陆东端的大西洋沿岸,没有安全纵深,无法在北美内陆建设首都。同时,美国独立以后,参加联邦的各州对于首都问题也难以达成一致:北方希望定都在北部大城市纽约;南方则希望在南部辖区内建设新首都。华盛顿是双方协商和妥协的产物,它的地理方位不南不北,居于中间,是双方都可以接受的方案。

美国首都圈的知名度或影响力不及英国、法国和日本,很大程度是因为华盛顿在美国大都市圈①内的影响力实在有限。华盛顿属于美国东北地区大都市圈,该都市圈内最大的城市是纽约,所以也被称为纽约都市圈,但华盛顿作为美国首都,有着无可比拟的政治地位和优势,也就形成了以联邦政府驻地华盛顿哥伦比亚特区为中心的华盛顿大都会区,也就是国家首都区,实际上的首都圈。它的范围包括华盛顿哥伦比亚特区、马里兰州、弗吉尼亚州的一部分和西弗吉尼亚州的小部分地区。实际上,作为首都而言,华盛顿的自然条件和地理位置是非常合适的,交通也较为便利。虽然华盛顿哥伦比亚特区内没有机场,但在华盛顿首都圈内有三个机场,②此外,还有 6 条州际公路途经华盛顿,市内也有地铁系统。总体来看,华盛顿是因为政治因素成为首都,具备政治功能、国防功能、国际交往功能,但并不是经济中心、文化中心、产业创新中心,华盛顿首都圈也不完全是疏解首都功能所形成的,美国的首都和首都圈更多的是在历史发展进程和现实规划中逐步成型,发展至今的。

二、伦敦和大伦敦地区

英国首都伦敦是一座历史悠久的城市,早在 40 万年前,这里就有人类活

----

① 一般认为,美国有 11 个大都市圈,分别是卡斯卡迪亚大都市圈(太平洋西北都市圈)、北加州大都市圈、南加州大都市圈、亚利桑那州太阳走廊大都市圈、芬兹山脉大都市圈、德州三角地带大都市圈、墨西哥沿岸大都市圈、五大湖大都市圈(包括加拿大一部分城市)、皮埃蒙特大西洋大都市圈、佛罗里达州大都市圈和东北地区大都市圈(纽约都市圈)。

② 三个机场是弗吉尼亚州阿灵顿的罗纳德·里根华盛顿国家机场(DCA)、弗吉尼亚州斯特灵的华盛顿杜勒斯国际机场(IDA)和马里兰州巴尔的摩的华盛顿瑟古德·马歇尔国际机场(BWI)。

动的遗迹,不同种族的人群都曾在这片土地上生活,如古代布立吞人(Ancient Britons)。[①]公元43年,罗马帝国占领不列颠地区后,在此建立据点,后被焚毁,几经战乱后,罗马人在今伦敦地区建立的伦蒂尼恩成为罗马帝国不列颠尼亚行省的首府,正式确立了该城市在整个不列颠地区的政治中心地位。公元886年,阿尔弗雷德大帝(Alfred the Great)对伦敦进行了大规模的规划和修缮,到公元950年以后,随着英国社会的稳定,伦敦进入发展的快速通道。

实际上,今日"伦敦"一词指的是大伦敦地区,而不仅仅是伦敦城,它指代伦敦城和32个伦敦自治市,也就是整个伦敦大都会区,这一称呼最早出现在16世纪的英国。大伦敦的核心区域是伦敦城(City of London),也被称为伦敦金融城、西堤区、伦敦市,是大伦敦的一个市和郡,属于地方行政单位。在很长一段时间内,伦敦城实际上就是伦敦,但经过长期的发展,现在的伦敦城只占整个大伦敦的一小部分,却是有着特殊地位的存在,拥有独立的"城市"身份。从历史发展来看,伦敦城是最初英国首都的核心区,而大伦敦实际上就是伦敦首都圈。工业革命以后,整个伦敦地区快速发展,"伦敦"一词的含义发生了实质性变化,首都圈成为首都,而原来的首都则变成了首都圈内的一个地区。现在的伦敦首都圈,或者说伦敦都市圈,指的是以伦敦为中心,沿伦敦至利物浦为轴线的城市群。

从发展历史来看,伦敦之所以能够成为英国的首都,首先,在于它优越的地理位置,泰晤士河为城市发展提供了可靠的水源和优良的港口,温和的海洋性气候让伦敦有着雨水的滋润但又不至于遭遇极端天气,这样绝佳的地方不仅给了农民肥沃的土地,商人也有了便利的交通环境。其次,在国家

---

①　古代布立吞人(Ancient Britons),又称凯尔特布立吞人(Celtic Britons),属于古代凯尔特人的一支。

安全角度上,不列颠地区居于海岛之中,几乎没有战略纵深,战时无法依靠内陆。自罗马帝国时期开始,不列颠和西欧大陆实际上属于一个政治实体,并不存在伦敦因为临海而受到安全威胁的问题。罗马帝国崩溃后,这一情况有所改变,伦敦时常受到维京人的骚扰和掠夺。诺曼王朝(1066—1154,House of Normandy)建立后,在很长一段时间,英法归属于同一个统治者之下,伦敦的安全问题暂时得到缓解。最后,历史和地理的因素使得伦敦成为"功能聚集体",国家赋予了伦敦全能的地位,优势资源几乎都被用在了首都的建设上。进入工业社会后,伦敦的优势地位进一步巩固和强化,成为整个大英帝国的政治中心、经济中心、文化中心、教育中心和科技创新中心,这一状态一直延续到今天。

三、巴黎和法兰西岛

巴黎一词,在法语中是"Paris",这一名称是公元 4 世纪才有的。在罗马时代,该地区叫"Luta",意思是"淤泥",跟塞纳河经常泛滥有关。4 世纪开始,名称改为"Paris",指住在这里的居民是高卢人的 Parisii 分支。[①] 另有一种说法,Parisii 人是居住在塞纳河北岸的凯尔特人,Paris 这个名字是 5 世纪末才有的,在罗马时代叫"Lutetia"。[②] 巴黎在 16 世纪至 19 世纪一直都是世界上最大的城市,拥有西方世界最大城市的桂冠也近 1000 年的时间。直到现在,它仍是世界上最为重要的政治、经济、文化、科学和教育中心,法国的首都和规模最大的城市,法兰西岛大区的首府。巴黎首都圈与法兰西岛大

---

① Anatole Bernet, *Pourquoi Pairs s'appelle Paris?*, Le19 mars 2017, https://www.bfmtv.com/culture/pourquoi – paris – s – appelle – paris_AN – 201703190002. html.

② *Aprenez la Signification du nom des villes de France*, linternaute, https://www.linternaute.com/sortir/magazine/1010659 – apprenez – la – signification – du – nom – des – villes – de – france/.

区重合，两者可以视为等同，是欧洲最大的都会区之一。

公元 358 年，罗马人开始在塞纳河地区建造宫殿、竞技场、花园、浴室等建筑，这一年被视作巴黎正式建城开始。508 年，法兰克人攻占巴黎，国王克洛维一世（Clovis Ⅰ）将该城定为首都，这是巴黎首次成为一个国家的政治中心。888 年，巴黎伯爵奥多（Odo）在贵族的拥戴下，成为西法兰克王国的国王，雨果·卡佩（Hugues Capet）在 987 年建立卡佩王朝（987—1328，Capetian Dynasty），在巴黎被加冕为法兰西国王，巴黎作为全法兰西地区首都的地位被进一步巩固，从此以后，在千余年的大部分时间里，巴黎都是法兰西的首都。巴黎成为法国的首都，一部分原因是在法兰西早期的历史上，巴黎有着得天独厚的自然条件。这里位于盆地中央，地形平缓，又有塞纳河灌溉两岸土地，气候属于温带海洋性，雨水丰沛，全年气温波动不大，适宜人类居住和生活。另外，卡佩王朝的创立者及其先祖又都是巴黎伯爵（公爵）一系，巴黎是他们的权力中心和势力范围，定都此地，有利于巩固他们的权力。巴黎成为首都后，由于历史的惯性和先天优势，自然得到了历代王朝国王的青睐，将大量的人力、物力和财力用在了巴黎的建设上。发展到今天，巴黎已是与纽约、伦敦、东京和中国香港并列的世界五大国际级城市。

巴黎首都圈，也就是法兰西岛（Île - de - France）或称巴黎大区（région parisienne），在非正式场合，有时也会被称作"大巴黎"或"大巴黎地区"，是法国 13 个大区之一，其范围以巴黎为中心，囊括周围的 8 个省，①一共 1276 个市镇。法兰西岛的称呼由来已久，公元 10 世纪卡佩王朝时期就已经有人开始使用这一名称。法兰西岛是法国的中心地区：在政治上，法国中央政府大部分机构都分布在此；在经济上，法兰西岛贡献了法国国内生产总值

---

① 这 8 个省是巴黎省（75 省）、塞纳-圣但尼省（93 省）、塞纳-马恩省（77 省）、上塞纳省（92 省）、瓦兹河谷省（95 省）、伊夫林省（78 省）、埃松省（91 省）和马恩河谷省（94 省）。

（GDP）和财政收入的绝大部分份额，巴黎是全球第六，欧洲第一的城市经济体，众多跨国公司和世界 500 强企业的总部在此设立；在文化和创新上，法兰西岛集中了大量的科研机构和大学，法国的高等教育投入在欧洲高居榜首，巴黎的研发创新也被公认为居于世界前列，该地区还有 4 个世界文化遗产和 3800 个法国国家文化遗产；在国际交往上，巴黎和法兰西岛集中了大量国际组织和外交使团，如巴黎俱乐部、国际商会、经济合作与发展组织、联合国教科文组织等。①

四、东京和东京首都圈

日本首都随着天皇所在地而变更，因此日本首都的政治含义会更加明显。日本在古代社会多次迁都，但基本集中于今天的奈良、大阪和京都等地，特别是奈良和京都，都是日本著名的古都。日本古代社会的首都基本都在水源地附近，佐保川及其支流能登川流经奈良，京都则有鸭川和桂川等河流。水是人的生命之源，与世界上其他的古代国家一样，古代日本的首都选择上，自然地理条件是第一位的。1868 年，日本明治维新后，政府选择德川幕府所在地江户为新都，并将其改名为东京。维新政府选择东京作为改革后日本的新首都，主要是它作为德川幕府经营了 260 多年的城市，实际上已经超过了名义上的首都京都，成为日本政治、经济、文化和国际交往的中心，是事实上的首都。

东京和日本首都圈是研究首都功能定位和首都圈建设的绝佳范本。东京成为首都后，日本政府一直很注重从法律法规上来规范首都和首都圈建

---

① 《巴黎》，维基百科，https://zh.wikipedia.org/wiki/巴黎.

设。1878年,日本政府颁布"地方三新法"①;1923年制定《东京复兴计划》;1943年,日本政府颁布《东京都制》;1956年,日本政府又制定了《首都圈整备法》,其后又5次修订了首都圈的治理规划与法规。迄今为止,经过多次行政区划调整,日本首都东京的正式名称是"东京都",下辖23个区、26个市、5个町(相当于街道)和8个村,总体上东京都由三大部分构成:东京都区部、多摩地域与东京都岛屿部。可以说,东京从建都开始,就是按照近代西方标准来科学规划的。

在当今世界,包括东京在内的日本首都圈是全球最大的都会区,整个首都圈的总人口超过3800万人,等于每三个日本国民中,就有一个人生活在首都圈内。东京是世界GDP总量第一的城市,也是全球五大国际性城市之一,综合竞争力仅在伦敦和纽约之后,排名世界第三位。② 日本首都圈就是在首都东京迅速发展后逐步成形的,也是真正被观察和研究的第一个首都都市圈,第一章中已经提及,"首都圈"这个名称也是伴随着东京在世界城市群的崛起而产生的。日本首都圈的范围是以东京都为核心,覆盖周围的神奈川县、千叶县和埼玉县,1956年通过的《首都圈整备法》定义的首都圈是整个关东地区,除上述的一都三县以外,还包括栃木县、茨城县和山梨县,整个日本首都圈的规模和人口使其成为世界上最大的城市群之一。

五、从萨尔瓦多、里约热内卢到巴西利亚

巴西是一个发展中国家,也是南美洲面积最大的国家,自公元1500年葡萄牙航海家佩德罗·卡布拉尔(Pedro Cabral)到达巴西,葡萄牙人陆续来到

---

① 地方三新法是指《郡区町村编制法》《府县会规则》和《地方税规则》。

② *The Global Liveability Index* 2019, The Economist Intelligence Unit, https://www.eiu.com/public/topical_report.aspx?campaignid=Liveability2019.

此地定居,到 1822 年,佩德罗一世(Pedro Ⅰ)宣布巴西独立,建立巴西帝国,再到 1889 年,共和派推翻帝制,成立巴西共和国,巴西历经了葡萄牙殖民地时期、帝国时期和共和国时期,巴西的首都也从萨尔瓦多换成了里约热内卢,最后迁移到了巴西利亚。

从葡萄牙殖民巴西开始,托多斯奥斯圣托斯湾(Todos os Santos Bay)沿岸地区最早得到开发和管理,在此地建城的萨尔瓦多很快成为区域性的中心城市:第一个殖民地首府设在此地;拥有奴隶和货物贸易的海港城市;天主教宗教中心和主教驻地;18 世纪前期美洲规模最大的城市。其后,萨尔瓦多顺理成章地成为巴西的第一个首都。这座因为地理条件和贸易而兴起的城市,在后来的历史发展中错过了巴西的工业化浪潮,里约热内卢、圣保罗等城市的崛起使其地位一落千丈。1763 年,巴西葡萄牙殖民政府将行政中心迁往里约热内卢,萨尔瓦多实际上已不再是巴西的首都。

里约热内卢的建城晚于萨尔瓦多,早期曾是法国殖民地。1555 年,法国人在里约热内卢附近的一个小岛上建立殖民地,控制了附近的海湾和土地,十年后,葡萄牙殖民者凭借新建的里约热内卢城与法国人展开争夺,终于在两年后的 1567 年完全掌控该地区。此后,里约热内卢在巴西的地位逐渐超越萨尔瓦多,成为整个地区政治、经济、文化的中心。1763 年,葡萄牙殖民政府迁至里约热内卢,1822 年巴西独立后,佩德罗一世也将首都定在了此地。进入 19 世纪后,虽然里约热内卢仍然是巴西的中心城市,但圣保罗等地的发展在一定程度上分散了它所承担的一些功能,随着其重要性逐渐衰减,佩德罗一世将经济和政治中心迁往圣保罗。1889 年巴西共和国成立后,里约热内卢依旧是巴西的首都,但迁都的呼声一直伴随着这个城市走入 20 世纪。

巴西利亚不同于萨尔瓦多和里约热内卢,它并不是一个历史文化名城,从诞生起,它就是作为首都而存在的。里约热内卢从 19 世纪中后期开始,经济地位有所下降,圣保罗开始逐渐取代其在巴西国内的地位,但不论是里约热内卢,还是圣保罗,都不能解决首都城市的安全问题,这两座城市都是大西洋的海港城市,一旦敌人从海上进攻,巴西几乎没有战略腾挪的空间。20世纪后,巴西经济发展呈现出极端不平衡的现象,沿海地区,特别是东南区域沿海人口聚集、经济发达,但广袤的内陆地区人烟稀少,土地无人开发。鉴于安全和经济两大因素,1930年,巴西政府开始讨论迁都问题。1955年,新任总统儒塞利诺·库比契克(Juscelino Kubitschek)力推建设新首都,从1956年至1960年,选址位于巴西高原上的首都巴西利亚开始以全新城市的规划兴建起来,1960年4月21日,巴西正式将首都迁往巴西利亚。因为巴西利亚本身就是一个新都,并不像世界上其他一些有着深厚历史积淀的首都一样,有历史惯性所带来的首都圈。但是正因为年轻,巴西利亚的城市设计超前,具有城市发展的后发优势。以巴西利亚为核心,形成了一系列围绕它的卫星城,如塔瓜廷加(Taguatinga)、瑟兰迪亚(Ceilandia)等。巴西首都圈虽然规模不大,但也初具雏形了。①

六、茨瓦内、开普敦和布隆方丹

同巴西一样,南非也是一个发展中国家,但它属于多元首都体制:南非中央政府驻扎在茨瓦内②,是行政首都;议会在开普敦办公,是立法首都;最高法院则在布隆方丹,是司法首都。南非"一国三都"的现状与该国历史、国情和政治体制紧密相连。

茨瓦内位于豪登省北部,是总统府和中央行政机关所在地,各国使领馆也位于城内,是南非的政治和国际交往中心。该城建于1855年,初以当地白

---

①　*About Brasilia*,*Internet Archive*,https://web. archive. org/web/20140701104422/http://www. aboutbrasilia.com/.

②　茨瓦内,原名比勒陀利亚,2005年3月7日改用现名。

人领袖安德列斯·比勒陀利乌斯（Andres Pretorias）的名字命名为"比勒陀利亚"，南非废除种族隔离后，2005 年改称"茨瓦内"，此名是白人殖民者到来之前当地一位部落酋长的名字，在当地语言中的意思是"我们是一样的"。开普敦，也称好望角市、开普城或地角市，是开普敦城市群的中心城市，西开普省的首府，也是南非议会驻地，许多议会相关委员会和一部分政府部门在开普敦办公。城市经历葡萄牙人、荷兰人、英国人的长期经营，成为一个具有重要战略和经济价值的地区性大都会，长期作为南部非洲规模最大的城市为世人所知。布隆方丹虽然没有茨瓦内和开普敦那样有名，但它也是自由邦省首府，南非三大首都之一的司法首都。除上述三座城市之外，豪登省首府，素有"黄金之城"美称的约翰内斯堡是南非第一大城市，世界知名的国际大都市，南非事实上的经济、文化和教育中心，有趣的是，它并不是南非的首都之一。

任何现实都是历史的映照。南非地区的殖民地代表们在 1908 年 10 月召开大会，商讨建立一个统一的南非国家方案，他们在其他方面基本达成一致，但在首都问题上争吵不休，各方代笔都想将未来南非的首都设立在自己管控的范围之内。比勒陀利亚（茨瓦内）、开普敦、布隆方丹和德班分别是德兰士瓦殖民地、开普殖民地、奥兰治河殖民地和纳塔尔殖民地的首都，因此，各方互不相让，全力以赴为己方争夺南非联邦首都的位置。由于势均力敌，最终各方还是达成了妥协方案：比勒陀利亚（茨瓦内）、开普敦和布隆方丹按照三权分立法则，分别成为行政、立法和司法首都，都是南非联邦的首都，德班则被法定为未来南非联邦主要的货物贸易通商口岸，拥有特定的经济权力，给予一定特权照顾。

第二节　首都之路：自然结构与城市功能

一、问题：什么样的城市能够成为首都？

首都为什么是首都？是自然条件①造就的吗？弗里德里希·拉采尔（Friedrich Ratzel）、鲁道夫·契伦（Rudolf Kjellen）、哈尔福德·麦金德（Halford Mackinder）和卡尔·豪斯霍费尔（Karl Haushofer）等人都认为自然中的地理因素对于国家政治至关重要，提出了政治地理学、地缘政治学和陆权论等学说。契伦把国家比作人的身体，认为首都就是"大脑"。从历史和现实来看，许多国家的首都的确都位于水源地附近，或是河流，或是湖泊，而且首都一般都选择在交通便利，易守难攻的战略要地。首都也需要一个良好的气候环境，世界上大部分有影响力的首都，如华盛顿、伦敦、巴黎、东京等基本都位于温带地区，常年平均气温在10℃左右，适宜人类居住。首都圈地区有肥沃的土地用于耕作。春秋战国时期，秦国首都位于关中平原，沃野千里，此后，汉、唐也都定都于此。五代和宋的都城开封，居于交通要道之上，漕运发达。但是北魏孝文帝自平城迁都至洛阳，明成祖迁都北京，彼得大帝从莫斯科迁都到圣彼得堡，都是放弃了优越的战略地理条件，而选择更加靠近当时的敌人，这又是为什么呢？

人口最多、规模最大的城市就应该是首都吗？人口因素对一个城市的发展来说至关重要，一个没有"人气"的城市，很难说是一座真正的城市。因此，古今中外，一些国家在选择首都时，会定都在人口最多的城市。长安、开

---

① 狭义的自然条件，主要指地理、气候和战略地位，不包括人口因素等，广义的则包括。

封、巴格达、北京都曾是当时世界上人口最多的城市之一,罗马、伦敦、巴黎、柏林也都是各自国家人口最多的城市。人口繁多从一个侧面说明了首都百业兴旺,能够容纳大量的人口从事生产和生活,是城市实力的象征。不过,城市的人口容量毕竟有限,一旦超过上限,也会带来问题。伦敦、巴黎、东京,包括北京和首尔,它们的很多城市病都是因为人口在短时间内的聚集所引发的,这才有了首都功能的分解和疏散,首都圈科学规划和建设等解决问题的方案。有些国家人口最多的城市也并非是首都,如南非的约翰内斯堡,印度的德里和孟买。

经济最发达的城市应该是首都吗? 本章第一节中的 6 个案例已经给出了答案:华盛顿不是美国经济最发达的城市,但它是美国的首都,巴西利亚在巴西的情况也是如此,加拿大的渥太华、澳大利亚的堪培拉、印度的新德里也都是典型的例子。环顾全球,事实说明,经济发达似乎不是一个国家首都所必须具备的条件,至少是在与政治资源相比较的时候。当然,当一个城市成为首都后,政府通过宏观调控的手段,以经济、法律和行政措施使其聚集经济资源,成为经济中心也并非不可能,北京和首尔就是这样。由此可见,经济因素对于选择首都并不是首要条件,首都也不需要有经济中心的功能,这个是可以替代的,比如美国的纽约、印度的孟买。

既然自然条件、人口规模和经济要素都不是成为首都的充分必要条件,那么国家是如何选择一个城市成为首都? 首都又应该具备哪些功能呢?

二、假设:自然因素—政治功能—功能聚集—地位强化

为解答以上问题,作者假设一座城市的首都之路遵循以下路径:首先因为自然因素而建立城市,城市的优越自然条件使其成为首都,成为首都后具备政治功能,政治功能发挥功能聚集效应,首都地位随之进一步强化。简单

表达就是:城市(自然因素)—首都(政治功能)—首都(功能聚集)—首都(地位强化)。

为验证假设,作者简化变量,将第一节中的6个案例列表如下(表3),按照自然条件、人口规模、经济情况、定都原因和城市功能5个方面对6个案例城市进行分析和归纳。此外,需要明确的是,大多数国家的首都是在城市,首都成为首都之前,也是城市,首都一定是具有城市功能的,但城市并不一定都有首都功能。

表3 首都结构与城市功能

国家	首都	自然条件	人口规模①	经济情况	定都原因	城市功能
美国	华盛顿	沿河地区、平原、气候适宜	70.60万(2019年)	非全国或地区性经济中心	建国早期选择,中立于南北双方	政治中心、国际交往中心
英国	伦敦	沿河地区、盆地、气候适宜	898.20万(2019年)	全球金融中心、全国经济中心	早期统治者为方便连接欧洲大陆	政治、经济、交往、科技、文教等中心
法国	巴黎	沿河地区、盆地、气候适宜	214.80万(2020年)	全国经济中心	地方军阀成为全国统治者前的封地	政治、经济、交往、科技、文教等中心
日本	东京	沿河地区、平原、气候适宜	927.30万(2015年)	全国经济中心	经过幕府将军统治后的事实首都	政治、经济、交往、科技、文教等中心
巴西	巴西利亚	沿河、沿湖地区、高原、气候适宜	285.20万人(2014年)	非全国或地区性经济中心	国防安全、开发内陆地区	
南非	茨瓦内开普敦布隆方丹	三城均临近水源、平原区、气候适应	74.20万人、43.40万人、55.60万人②	三城均非全国性经济中心	建国时各方妥协产物	行政中心立法中心司法中心

① 表中人口数据均采自各自国家的官方统计机构。
② 茨瓦内和开普敦人口数据为2011年,布隆方丹人口数据为2018年。

通过对表3进行分析,可以发现,6个案例城市都是政治中心,承担全国性政治功能,因为中央政府及各机关一般都会选择在首都地区办公,所以,外国派驻所在国的使领馆和一些国际性机构也会在首都,首都城市也就成为国际交往中心,特别是政治意义上的交往。从自然条件来看,6个城市所在区域自然条件良好,适宜人类居住和生活,这是选择首都的一个先决条件,不过,自然条件并不是唯一的标准,也不是固定不变的,它与历史惯性和国情紧密相关。华盛顿被选为首都的时候,美国的领土基本在大西洋沿岸地区,没有太多可供选择的余地,又要平衡南北双方利益,从当时的情况而言,新建一个城市作为首都不失为一个明智的选择。随着时间的推移,虽然美国的领土在扩大,实力在增强,但已经形成了历史惯性,加上美国是联邦制国家,法律的限制,各州对自己利益的计算,还有科技的发展削弱了战时敌国对首都的安全威胁,使得华盛顿在今天仍然是一个不错的选择。那么,正如前文所述,人口和经济也并不是选择首都的必要条件,除此之外,还有别的因素吗?

基于前文提出的问题和表3案例的分析,作者不否认除自然、经济、人口等条件之外的其他因素影响力,但很多因素可以归纳为上述三大条件的从属或分支,如安全战略地位。许多国家在最初定都的时候,多半会考虑战略安全问题,这是因为"地理因素容易影响国家之间的关系"[①]。在发生战争时,如果一国首都在沿海或国境线附近,很容易遭到敌国军队的攻击甚至占领,首都一旦沦陷,对于国家的整体士气和战略部署都将产生严重的负面效应。不过,安全战略因素实际上属于自然条件,也就是天赋的条件,非后天人为努力可以轻易改变。当然,随着科技的发展,自然条件对于选择首都的影响力正在逐渐下降,"科技因素改变了自然环境这一国力构成相对稳定的

---

① 胡宗山:《国际政治学基础》,华中师范大学出版社,2005年,第343页。

因素"①。一国首都是否在海边,是否在两国国境附近,这些不利因素,或多或少可以用科技的力量来削减一部分。

因此,城市在初建之时,首要考虑的是自然条件,特别是在前工业社会和传统的民族国家,科技还不发达,自然因素对市民生活和工作发挥着巨大的影响力。自然因素可能是地理因素,比如城市附近是否有干净且充沛的水源;也可能是气候因素或是安全因素。不论怎样,一座城市因为自然因素而选定城址,又因为优越的自然条件而兴旺发达,随后,统治者选择这座城市成为首都,换言之,政府是因为自然条件选择了某座城市成为首都。一旦首都的地位确定后,城市便成为全国的政治中心,具备政治功能,政治功能有着强大的聚集效应,借由政府的力量,政治功能会聚集起国际交往功能、经济功能、文化功能、教育功能、科技功能等。工业革命以来,随着地理大发现和自然科学的发展,犹如自然条件对于首都的重要性下降一样,首都的政治功能聚集效应也在减弱,一些国家出现了单一型首都,也就是首都只具有政治功能,经济中心、文化中心等功能由国内其他城市占有。即使如此,一旦城市成为首都,地位就会强化,除非特殊情况或国政变革,首都的地位不会轻易改变。(详见图1)

---

① 陈岳:《国际政治学概论》,中国人民大学出版社,2010 年,第190 页。

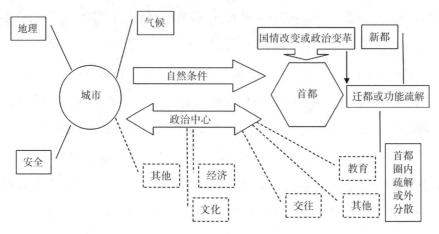

图1 首都城市功能形成与发展图

三、结论:政治功能(核心功能)—衍生功能(核心与非核心)

通过假设,验证了第二节第一部分的问题:国家是如何选择一个城市成为首都? 那么,当城市成为首都,它又应该具备哪些功能呢? 在表3中出现的城市:华盛顿、伦敦、巴黎、东京、巴西利亚、茨瓦内、开普敦和布隆方丹,显然它们所承担的首都功能并不相同,有全能型中心城市,如伦敦、巴黎和东京;也有政治分权型首都,如南非的茨瓦内、开普敦和布隆方丹;还有建城就是为了定都的华盛顿和巴西利亚。但是正如前文所述,所有这些城市都具备政治功能,因此,政治功能可以被视作一个首都的核心功能。国内彭兴业教授课题组①曾经考察了全球具有代表性的13个国家的首都城市,②发现不

---

① 彭兴业教授课题组的具体成果可参见其所著的《首都城市功能研究》(北京大学出版社2000年9月第1版)一书。

② 被考察的13个国家首都城市是华盛顿(美国)、伯尔尼(瑞士)、渥太华(加拿大)、堪培拉(澳大利亚)、新德里(印度)、波恩(联邦德国)、伊斯兰堡(巴基斯坦)、巴黎(法国)、伦敦(英国)、莫斯科(俄罗斯)、东京(日本)、柏林(德国)和北京(中国)。

论是如华盛顿这样的单一功能首都还是如北京这样的多功能首都,13 个国家的首都城市都具有政治功能,是所在国家的政治中心,这一研究结果也印证了首都的核心功能是政治功能的观点。

由此,作者认为政治功能是大多数首都所拥有的城市功能,也是核心功能。首都的政治功能确立后,衍生功能也会产生,其中既有核心功能,如国际交往功能、安全功能,也有非核心功能,如文化功能、教育功能等。这一结论用文字简短表述就是:政治功能(核心功能)—衍生功能(核心与非核心)。为更加方便理解结论,作者手绘了图 2 予以简单说明:

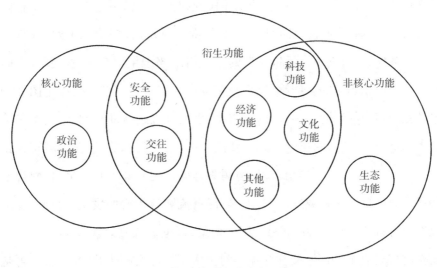

图 2　首都城市功能定位图

一座城市一旦成为首都,必然被赋予政治功能,首都之所以称之为首都,便是因为它是国家政权机构所在地。所以,政治功能是天赋的,是自然生成的,除非是国情变化、国政变革、战乱或不可抗拒的自然力量使得国家迁都,否则,首都城市的政治功能是不会轻易丧失或改变。首都的其他功能基本由政治功能衍生而出,如安全(国防)功能、经济功能、文化功能等。首都也有原生功能,即非衍生功能,比如生态功能。城市虽然是人造物,但也存在于自然界之中,是大自然的一部分。因而城市的生态功能是与生俱来的,但它并不是核心功能,更多的算是所有城市的一种共有功能,生态功能于城市,就如政治功能于首都。哈萨克斯坦和缅甸分别于1997年和2005年迁都到新的城市,这两个案例能够较好地说明和印证关于首都城市功能的结论。

阿拉木图在哈萨克斯坦还是苏联加盟共和国时期就是该国的首都,至今也仍是哈萨克斯坦最大的城市、经济中心和文化中心。在脱离苏联,独立建国后,哈萨克斯坦的国情发生了改变,阿拉木图已经不适宜作为国家的首都。首先,原来的哈萨克斯坦属于苏联管辖,是苏联的加盟共和国之一,生活在该地区的俄罗斯族是苏联的主体民族,与哈萨克族同属于一个主权国家,但独立以后,在哈萨克斯坦北部地区,俄罗斯族占大多数,而哈萨克族反而是少数民族,特别是靠近俄罗斯的三个州,①当地俄罗斯族对于新独立的国家缺乏民族国家的认同感,反而与俄罗斯走得更近一些。阿拉木图处于哈萨克斯坦南部地区,又靠近国境边缘,不仅难以控制北部地区,也有着国防上的忧虑。其次,阿拉木图处于沙漠地区,土地资源非常有限,城市扩张的空间不大,随着人口的增长,环境污染等问题也日益严重。最后,阿拉木图所在地区自然灾害频发,多有地震、泥石流和沙尘暴的发生。因此,哈萨克斯坦将首都的政治功能转移到阿斯塔纳,这里也就成为首都,马上具有了安全(国防)功能和国际交往功能。阿拉木图虽然失去了政治功能,不再是哈萨克斯坦的首都,但基于历史原因和现实基础,它并没有失去经济、文化、教育等功能。哈萨克斯坦的案例说明,首都的政治功能是核心功能,其他功能是由它衍生而来的。

缅甸迁都也是一个典型的例子。首先,与哈萨克斯坦类似,仰光处于缅甸南部地区,对于中部和北部的控制力较弱,这些地区恰好是缅甸国内发展

---

① 科斯塔奈州、北哈萨克斯坦州和巴甫洛达尔州。

速度慢、极度贫困和独立倾向严重的区域。其次，仰光的地理位置临近海洋，一旦与其他国家交战，首都地区难守易攻，需要投入大量军力予以保卫，防卫效果还不能保证。最后，许多缅甸人认为，仰光是英国殖民者建立的首都，是屈辱的象征，不应该作为国家的首都。这也成为2005年迁都时，缅甸军政府对外宣传的原因之一，但是缅甸没有将首都迁到曾经的古都曼德勒，而是选择了建都在缅甸第三大城市彬马那附近。新都内比都承接了仰光的政治功能，也成为国家的安全（国防）中心。迁都后不久，缅甸约请各国使节并宣布："已在新首都为外国驻缅大使馆专门规划出一片区域，以供各国未来建设新馆。"①这说明，首都城市的国际交往功能作为政治功能的衍生功能，也随着政治功能的转移而发生了转移。内比都具备了首都城市的三大基本核心功能，缅甸完成了首都城市功能的迁出和迁入，实现了迁都的重大规划。

值得注意的是，如果反向来看哈萨克斯坦和缅甸的迁都过程，剔除安全（国防）因素和生态环境的自然因素，阿拉木图和仰光在还是国家首都的时候，它们承担了太多由政治功能发展出来的衍生功能，这里面有很大一部分是首都城市的非核心功能。诚然，首都城市的功能越多，看似规模庞大，样样齐全，但一个城市的自然和社会容量毕竟有限，承载能力也不是没有上限，如果对于首都城市功能不能合理规划，万事都求全、求大、求多，那首都的城市功能只能走向失衡，迁都也就不可避免了。

---

① 《缅甸为何迁都？揭开缅甸新首都神秘面纱》，中国新闻网，http://www.chinanews.com/gj/kong/news/2007/05－23/941942.shtml.

第三节 北京和首尔的建城与定都

中韩两国都是历史悠久的文明古国,西安、洛阳、北京和平壤、开城、首尔也都是世界闻名的古都,北京和首尔还是现时首都。遵循"自然因素—政治功能—功能聚集—地位强化"这条首都成长路径和"政治功能(核心功能)—衍生功能(核心与非核心)"的首都功能定位过程,中韩两国的首都走过几千年的历史风霜,北京和首尔逐渐露出峥嵘。

一、中韩两国首都的历史变迁

从历史分期来看,中国的首都历史基本按照大一统王朝的标准,可以大致分为先秦时代(公元前 221 年之前)、秦汉西晋时代(公元前 221 年至公元 317 年)、隋唐时代(公元 581 年至公元 907 年)、辽宋金元时代(公元 907 年至公元 1368 年)、明清时代(公元 1368 年至公元 1911 年)。韩国的首都历史"以王朝史为中心的史观来划分时代"①,可以划分为古朝鲜时代(公元前 194 年之前)、分裂时代(公元前 57 年至公元 676 年)、统一新罗时代(公元 676 年至公元 918 年)、高丽时代(公元 918 年至公元 1392 年)、朝鲜时代(公元 1392 年至公元 1910 年)。

(一)中国首都的历史变迁

先秦时代的中国王朝是夏、商、周,这些王朝的首都基本都选择在国家

---

① ［韩］高丽大学校韩国史研究室:《新编韩国史》,孙科志译,山东大学出版社,2010 年,第 11 页。

控制的势力范围之内临近水源的地方。夏朝处于部落联盟国家,尚未有明确的首都概念,大部分臣民跟随统治者进行迁移,所到之处一般称为"夏邑"或"大邑",可以看作是最早的首都雏形。夏朝都城受自然因素影响很大,主要有河流、土地、草场等。根据历史记载,夏朝曾经17次迁移都城,先后定居在大夏、夏墟、高密、阳城、阳翟、晋阳等地,这些地方的具体位置在今天已经很难考证,淹没在了历史之中。商朝都城与夏朝类似,也是以商王的居住地为准。由于黄河及其支流的泛滥,商民多次迁都,在商汤攻灭夏朝之前,商民就已迁都8次,商朝建立后,因为自然环境和安全因素又多次迁都,有记载的都城就有亳、嚣、相、邢、庇、殷、朝歌。周朝建立后,由于生产力水平的提高,人对自然的控制力增强,都城相对于夏朝和商朝更加稳定,都城的概念也更加明确,政治功能已经成为首都的核心功能。周武王伐纣后,将首都迁到镐京,此后,周王和王公大臣一般居住在镐京,并在此处理政务。周成王时期,周公旦为加强对东方商朝遗民的控制,兴建洛邑,周王有时也会去洛邑居住,这是最早的东西京制度。西周灭亡后,镐京残破,已经无法居住和处理政务,不具备首都的任何功能,连城市安全都不能保证,周平王便将首都迁到了雒邑,历史进入东周时代。

　　秦汉西晋是中国的大一统时期,首都主要位于长安和洛阳,这两座城市在中国历史上留下了浓墨重彩的一笔。长安和洛阳有一些共同的特点:首先,它们自然条件优越,都位于大河之滨,长安临渭水、泾水,洛阳临洛水、伊水;其次,西周和东周分别在镐京和洛邑建都,长安和洛阳都是有建都历史的城市,有一定的基础;最后,两座城市分别有着战略意义,长安位于关中平原,土地肥沃,三面环山且扼守关隘,易守难攻;洛阳虽在平原地带,但居于天下之中,四通八达,易于控制东方地区。秦国在统一天下之前的势力范围基本在函谷关内的关中地区,首都从雍城到泾阳,再到栎阳,最后定都咸阳,都具有崤函之固,又能虎视东方六国。刘邦建立汉朝后,朝廷对于定都何处有过讨论和思考,他最后听从了朝臣娄敬和张良的建议定都秦朝故地,主要原因就是此地有险可守,又能利用关中和巴蜀的肥沃土地,向东可以震慑诸侯,还有渭水等河流带来的运输便利。新都建在渭水南岸,刘邦将之命名为"长安"。西汉末年,国家经历了一系列战乱,长安遭到大规模破坏,已经不再适宜作为首都,汉光武帝选择了以洛阳为新的首都,一直到东汉末年。董卓之乱时,洛阳被拆除焚毁,破坏严重,后经过重修改建,成为曹魏和西晋的首都。

　　隋朝原来的首都长安就是北周的都城,其基础是汉长安城,由于长期的战乱和岁月的侵蚀,当时的长安已经非常破败,水源也遭到污染,生态功能运行不畅。公元582年,隋文帝命令宇文恺在旧城的东南方重建新城,一年后,新首都落成,命名为"大兴"。公元613年,隋炀帝又扩建了大兴城,形成了完备的城市格局,城市功能更加齐全。唐朝建立后,以大兴城为基础,进行了整修并改名为长安,唐高宗时期兴建了大明宫,唐玄宗时期又建兴庆宫,长安城的规模进一步扩大。隋朝时期爆发的汉王杨谅反叛事件使统治者认识到,需要在中原地区建设一个陪都,以便加强对山东地区的控制,缓解首都大兴在战时派兵和平时供给过大的压力,于是营建了"东京"城,后更名为"东都",即洛阳城。唐朝延续了隋朝的两京制度,特别是武则天当政时期,她长期在洛阳居住和处理政务。隋唐时期的长安是当时世界上规模最大的城市,不仅是中国,也是东亚,乃至世界的中心,人口达到百万以上,全球各地不同民族的民众在这里和睦相处,是名副其实的国际之都。唐朝末年,由于频繁的军阀混战和自然灾害,长安遭到极大的破坏,朱温强迫唐朝中央政府迁都后,拆毁宫室和民房,并放火焚烧了城市。由于自然条件恶化、人类过度开发和长期的战争,长安及其所在的关中地区从此以后再也没有定都的可能性了。

　　赵匡胤建立的北宋没有汉唐时期的辽阔疆域,幽云十六州也不在中央政府的控制范围之内,有学者认为辽(金)宋并立是中国历史上的又一次南北朝。相对于少数民族建立的政权辽和金,宋朝有着完善和成熟的封建体制,首都也很稳定。北宋的首都开封(东京)处于平原地区,适宜农业耕作,水源充沛,周围就有黄河、京水、济水等河流,汴河、蔡河、五丈河和金水河更是穿城而过,便利的漕运让开封处于"天下之枢""万国咸通"的地位。开封是当时世界上最大的城市之一,商业异常繁荣发达,据有完备的政治、经济、文化、安全、宗教、教育和娱乐功能。辽国和北宋类似,也设立了五京制度,但具有政治功能的还是上京临潢府。对游牧民族而言,水源很重要,临潢周围有许多河流和湖泊,如潢河、沙河、黑河、鸳鸯湖、广济湖、盐泺等,附近也有盐山、凿山、松山等山岳,是一个水草繁茂的建城之地。金是发源于东北的少数民族政权,最早的首都在上京会宁府,附近有松花江、牡丹江、老爷岭和长白山,也是一个山川环抱之地。公元1153年,完颜亮迁都大兴府,上京被撤销,宫殿毁坏;公元1214年,金宣宗迁都至开封(汴京);公元1233年,金哀宗又迁都到归德府,最后又逃到了蔡州,后被蒙古战败,金国灭亡。宋朝失去北方的领土后,宋高宗将杭州升格为临安府,定为"行在",其实就是实际上的首都。临安接收了来自北方的大量人口和产业,迅速发展壮大,成为当时世界上人口最多和规模最大的城市,是全国的政治、经济、文化、教育和手工业中心。

在忽必烈定"元"为国号之前,蒙古帝国的早期首都在哈拉和林,地缘战略位置得天独厚,居于蒙古国鄂尔浑河上游和杭爱山南麓,四通八达,有"世界中心"之称。忽必烈称汗后将首都迁移至上都,即开平府,但上都位置离汉地太远,不利于控制广袤的中原地区,公元1267年,元朝政府改上都为陪都,定都城于燕京,后改名为大都,朱元璋派徐达北伐攻占大都后,再改名为北平。元朝的首都从草原走向平原,过程伴随着蒙古势力的扩张与征伐,自然条件是其选择首都的标准之一,但更重要的是首都对全国的政治控制能力。明朝最初的首都定在南京,这里是朱元璋在元末农民起义中割据一方的政治中心。南京古称建业、建康、金陵,依山傍水,临近海洋,但地理位置在国家的最东边,且中国历史上偏安的王朝多定都于此,也大部分最终被融汇到统一的洪流之中。所以,朱元璋有过迁都长安、洛阳或开封的设想,但后来并未实施。靖难之变以后,朱棣实行两京制度,实际上是迁都北京,将政治中心转移到他的势力范围之内,同时也是为了更好地抵御来自北方游牧民族的威胁。同元朝一样,清朝也是少数民族建立的政权,早期的首都基本位于部族长期经营的势力范围之内。后金时期,努尔哈赤定都于赫图阿拉,后迁都至辽阳,公元 1625 年,又迁至沈阳,皇太极时改称盛京。清军入关后,成为全国性政权,定都北京,改盛京为"留都",直至 1912 年清帝退位,清朝灭亡。

(二)韩国首都的历史变迁

韩国历史上最早建立的国家是古朝鲜,一般认为,古朝鲜为檀君所建立,至公元前 194 年,燕人卫满联合古朝鲜国内的反对势力,推翻了古朝鲜准王的统治,建立卫满朝鲜。① 古朝鲜是在城邑国家出现的基础上建立的,开始时的统治范围仅限于平壤周围的大同江流域,首领的称呼为"檀君王俭",其后兼并附近的城邑国家,成为联盟王国性质的一个国家,其首领也开始被称作"王"。② 根据《三国遗事》记载,公元前 2333 年,檀君降于妙香山顶,而后创建了国号为"朝鲜"的国家,定都在"王俭城",也就是平壤。此后,他统治国家 1500 年,后又隐居在阿斯达山中,成为山神,一直活到了 1908 岁才去世。《史记·朝鲜列传》中也有关于王俭城是平壤的相关文字记述,高丽正史《三国史记·卷十七》关于东川王的记载中更是明确地说道:"平壤城,本

---

① 郑判龙、金东勋主编:《简明韩国百科全书》,黑龙江朝鲜民族出版社,1999 年,第 100 页。
② [韩]李基白:《韩国史新论》,厉帆译,厉以平译校,国际文化出版公司,1994 年,第 15 ~ 16 页。

仙人王俭之宅也。或云：王之都王险。"由于时代久远和史料缺乏，古朝鲜的都城是不是自檀君开始，一直到准王时期都在"王俭城"？还是有过迁都，后期又回到了此地？如果是，都城又有哪些？又具体在何地？这些问题现在已经难以考证了。不过，可以推测，同中国的夏朝和商朝一样，古朝鲜选择的都城很大程度上取决于两点：第一，都城应该是满足一定的自然条件，如有可供人畜饮用的干净水源，据有山川之险，地形足以防御敌人的进攻；第二，最高统治者所居住的地方就是都城，而且都城是在统治阶级所能控制的势力范围之内。

　　古朝鲜之后，朝鲜半岛上陆续出现了多个并立的国家政权，进入分裂时期。这一时期直到统一新罗出现才告终结，时间跨度长，历史资料相对缺乏，对于都城的确切位置和名称也有争论，但大部分学者对都城历史的发展脉络和顺序基本认可。百济的建立者温祚最初在慰礼城建立了国号"十济"的国家，他的兄弟沸流则定居在弥邹忽，后来经过斗争，温祚取得了胜利，改国号为"百济"。由于慰礼城常被马韩侵扰，百济的都城时常迁移以避其锋芒，公元475年，百济文周王迁都到熊津；公元538年，国都又从熊津迁到了平原地区的泗沘。一般而言，新罗的首都较为固定。公元前57年，朴赫居建立新罗后就定都在金城（庆州），此后少有迁移和改动。[①]

　　分裂时代结束后，朝鲜半岛进入统一新罗时期，首都仍然在金城。金城的自然条件较好，四周有大山和河水环绕，东面临近大海，既能提供给民众一个好的生活环境从事生产和生活，也能有相对安全的战略地位防御敌人来袭。金城原本是辰韩地区的斯卢国，新罗建国后定都于此，经过长期经营，有着良好的基础。新罗统一朝鲜半岛后，作为统一的新罗的首都，金城继续发挥着重要的作用。伴随统一新罗后期王室内斗和国家经济的衰败，

---

①　董向荣：《列国志·韩国》，社会科学文献出版社，2009年，第44~45页。

社会矛盾激化,农民起义此起彼伏,甄萱在朝鲜半岛西南地区率领民众脱离统一新罗独立,建立了后百济国,定都于完山。曾经追随梁吉农民起义军的没落贵族弓裔在公元 901 年立国号"高丽",定都松岳,后又改国号为"摩震",迁都于铁原,公元 911 年,又改国号为"泰封",朝鲜半岛的历史进入"后三国"时代。公元 918 年,弓裔的将领王建发动政变,自立为王并建立高丽国,一年后,他将都城迁回松岳,改称开州(开城)。① 统一新罗后期的混乱局势使得金城作为全国首都的重要地位有所下降。完山、松岳、铁原等城市成为后三国时期割据政权的政治中心,重要性上升,特别是松岳,经过弓裔和王建在此地的长期经营,城市规模扩大、人口增加、功能聚集,逐渐代替金城,成为高丽统一后的全国性政治中心。

高丽建国后将首都定在京都开城府(开京)。该地最早是汉四郡乐浪郡和真番郡的交界处,后来归属带方郡,百济在此建冬比忽城。新罗统一朝鲜半岛后改名松岳,公元 757 年又改名为开城郡。王氏是开城地区的豪强贵族,在当地颇有势力,王建建立高丽后,将首都从铁原迁到开城,并改名开州,其后还改称过皇都、开城府等。开城的地理位置在朝鲜半岛的中西部,处于临津平原和月岩平原之上,附近有子男山、松岳山和礼成江、临津江、沙川河等。开城地区环境优越,土地肥沃,适宜建都,自公元 918 年至 1392 年,高丽的首都就一直在开城。高丽在开城定都且持续时间长的原因主要基于两点:第一,开城是王氏的势力范围,王建及其家族长期经营此地,他们的许多封地、农庄和田产都在开城附近,在当地也有一定的人望,拥有强大的人力、物力和财力资源,基础深厚;第二,开城的地理位置适中,容易控制整个朝鲜半岛,生态功能优越,也很适合民众生活。从开城开始,朝鲜半岛上的

---

① 朴真奭、姜孟山、朴文一、金光洙、高敬洙:《朝鲜简史》,延边大学出版社,1998 年,第 103 ~ 105 页。

全国性统一政权很少迁都,基本上稳定在一定的地理范围内,首都具有较强的稳定性,这既是自然选择的结果,也是历史发展的必然。

公元 1392 年,朝鲜王朝取代高丽王朝,成为朝鲜半岛上一个新的全国统一政权。朝鲜太祖李成桂将首都从最初的开京迁到汉阳,并改名为汉城,第一次王子之乱后又迁回开京,第二次王子之乱后最终定都在汉城。汉城所在的地方,据传最早属于真番国,三国时代是百济国的首都慰礼城,统一新罗时期定名为汉阳,高丽时,汉阳成为四京[①]之一的南京。高丽王朝末期一直谋划迁都南京(汉阳),恭愍王时期开始实行,后由于国政混乱而中断,禑王、恭让王时期又被提及,但终未实现。汉城成为朝鲜王朝的首都并不是偶然的:首先,汉城位于朝鲜半岛中部,不仅是陆路交通,也是汉江等水路交通的中心,运输粮食等生活物资非常方便,因此这里是新王朝首都的理想场所;其次,百济曾兴建北汉城和慰礼城,并定都于此,汉城有建都的历史和基础;再次,从汉城的地形来看,城市四面环山,干净的水源从山中汇入城市,形成了生活用水清溪川,给民众生活提供了便利;最后,汉城被四周的北汉山、峨嵯山、德阳山和冠岳山等围绕,加上大河汉江作为天然屏障,地理之险构成了汉城的天然堡垒,能够为城市提供安全上的保障。[②]

(三)自然结构对首都功能的影响

从中韩首都的历史变迁脉络可以看出,在古代社会,自然条件决定了建城的位置和首都的生态功能,地理位置、人口多寡、气候情况都是重要的考虑因素。百济建立者温祚的兄弟沸流选择在弥邹忽建城居住,此地靠近大海,天气恶劣,常有台风侵袭,土地多为沼泽和盐碱地,难以耕作,饮用水又

---

① 高丽王朝的四京是开京、南京(汉阳)、东京(庆州)和西京(平壤)。
② "서울이 조선시대의 수도로 정해지게 된 이유는 무엇일까?",서울 역사 박물관,https://museum. seoul. go. kr/chd/board/NR_boardView. do?bbsCd = 1058&seq = 20140113113326507&tr_code = m_img,2014 년 1 월 13 일.

苦又咸。沸流没有办法，只能弃城而走，去投靠兄弟温祚。西汉和唐朝的首都长安居于关中地区，早年是与巴蜀并称为"天府之国""沃野千里"的农业耕作区，适合建城，也适合定都。在千年的历程中，关中地区经历了无数的磨难：数次农民起义、五胡乱华和十六国战争、回纥和吐蕃的入侵等。到朱温拆毁长安，焚毁城池后，后世想要定都关中的统治者们发现，常年的战乱和资源消耗，使关中地区自然环境受到破坏，生态功能减损严重，再也不能担当起中国统一王朝首都的职能。

二、自然环境造就的城市

第一节和第二节都提到，自然环境①对一个城市而言非常重要，自然环境造就了城市，也是建城的先决条件。作者将第三节中韩两国的首都按历史顺序列表，按照地理位置、气候条件、战略地位、人口数量、功能定位和迁都原因排列如下（表4）：

---

① 狭义而言，自然环境主要指地理位置、气候条件和战略地位，不包括人口组成等，就是城市与自然界相关的基本情况与状态。广义来说，自然环境则包括自然界，也包括人类自己，就是人类社会赖以生存和发展的自然界。与自然环境相关联的因素有人为因素，也有非人为因素，包含有形的因素，也包括无形的因素。详情参见胡宗山：《国际政治学基础》，华中师范大学出版社，2005年，第337页。

表4 中韩首都城市历史变迁中的自然环境因素

国家	时代	首都	地理与气候	地位与人口	功能定位	迁都原因
中国	先秦	"夏邑"/殷/镐京/洛邑	临近黄河及支流/气候及土地易耕作	民族发源地或国家中心/人口最多	政治/安全/经济/文化中心	自然灾害/外敌入侵/朝代更替
	秦汉西晋	咸阳/长安/洛阳	临近黄河及支流/土地肥沃/冷热均衡	战略要地/四通八达/人口最多	政治/安全/经济/文化中心	朝代更替
	隋唐	大兴/长安	临近黄河及支流/土地肥沃/冷热均衡	战略要地/四通八达/人口最多	政治/安全/经济/文化/国际交往中心	损毁严重/朝代更替
	辽宋金	临潢/开封/大兴/会宁/开封	依山傍水/土地肥沃/气温适宜	民族发源地或国家中心/人口众多	政治/安全/经济/文化中心	外敌入侵/疆土扩大/朝代更替
	元明清	大都/南京/北京	依山傍水/土地肥沃/气温适宜	战略要地/四通八达/人口众多	政治/安全/经济/文化/国际交往中心	朝代更替/内部战乱
韩国	古朝鲜	"王俭城"(平壤)	依山傍水/土地肥沃/冷热均衡	战略要地/国家中心/人口众多	政治/安全/经济/文化中心	外敌入侵
	分裂时代	慰礼城/金城(庆州)	依山傍水/土地肥沃/冷热均衡	战略要地/四通八达/人口众多	政治/安全/经济/文化中心	内部战乱
	统一新罗	金城(庆州)	依山傍水/土地肥沃/冷热均衡	战略要地/四通八达/人口众多	政治/安全/经济/文化中心	内部战乱
	高丽	开城(开京)	依山傍水/土地肥沃/冷热均衡	国家中心/四通八达/人口众多	政治/安全/经济/文化/国际交往中心	朝代更替
	朝鲜	开京/汉阳(汉城)	依山傍水/土地肥沃/冷热均衡	国家中心/四通八达/人口众多	政治/安全/经济/文化/国际交往中心	朝代更替

通过对表4进行分析,作者发现,自然环境是城市生态功能的基础,城市是人造产物,也是大自然的产物。自然环境对于城市建城起到决定性的作用,特别是在古代社会,中韩历史上的一些首都城市都是因为有着良好的自然环境而建城,城市一般都具备依山傍水、土地肥沃、冷热均衡、战略要地、

四通八达、人口众多等特点,这又再次证明了第一节和第二节相关论述的合理性。时至今日,作为城市来说,北京和首尔在地理位置、气候条件、战略地位和人口组成上都拥有一定的优势。人类对城市的影响也是巨大的,甚至可以破坏首都城市的生态功能,使其丧失首都地位,乃至于彻底摧毁城市,表4中所列的迁都原因多是人为因素。

(一)地理位置

北京的北边是燕山山脉和坝上草原,境内最高的东灵山有2303米,这些高大的山系使北京免受西伯利亚寒流和蒙古高原沙暴的袭击。主要河流有永定河、拒马河、北运河等,都属于海河水系,湖泊自然形成的较少,主要是人造水库,如密云水库、官厅水库、十三陵水库等,北京是京杭大运河的最北端,也是南水北调工程的重要节点。整个北京坐落在华北大平原,平均海拔只有43.5米,距离最近的渤海海域大约150公里,全域面积为16411平方公里,主要由平原和山地组成,比例大概为2∶3。①

首尔位于朝鲜半岛中西部,居于盆地之中,地理位置优越,东西距离为36.78公里,南北长30.3公里,面积大约为605.25平方公里,占整个韩国领土面积的0.6%,朝鲜半岛面积的0.265%。② 汉江穿过首尔,将城市分成江南和江北两个部分,由于下游水流较缓,泥沙堆积,江中形成了若干岛屿,如汝矣岛。首尔除汉江外,还有清溪川、安养川、如意川等河流。此外,首尔市内外也有许多山,第一节中已经提到,首尔周边就有北汉山、峨嵯山、德阳山和冠岳山,市内还有南山和仁王山。众山环绕的首尔与临近的仁川和京畿形成了天然的界线。此外,首尔虽然不直接临海,但距离朝鲜半岛西海岸仅30公里,距东海岸也只有185公里,海陆交通都非常便利。

---

① 《北京概况》,北京市人民政府,http://www.beijing.gov.cn/renwen/bjgk/#dlyzr.
② 《首尔概况》,首尔特别市,http://chinese.seoul.go.kr/关于首尔/首尔的含义/2 - 位置/.

（二）气候条件

北京是一座典型的受到季风影响的城市,地处温带半湿润气候地区,属于大陆性季风气候。夏季时,东亚季风使得北京潮湿而炎热;冬季时,北京受西伯利亚寒流控制,寒冷且干燥;春秋两季时间短,大致持续一个月左右,降水较少,有时伴有沙尘暴和雾霾天气,近年来随着政府的治理,这种情况已经大为好转。北京地区总体上气温波动不大,极端气候极少出现,根据正式记录,市区最低温度出现在 1966 年 2 月 22 日,为 - 27.4℃,最高温度为 41.9℃（1999 年 7 月 24 日）,1 月份平均温度在 - 2.9℃ 左右,7 月份日均气温为 26.9℃,适宜民众的生产和生活等人类活动。北京的年平均降水量为 570 毫米,其中近六成的降水集中在夏季,特别是 7 月和 8 月。[①]

首尔同样是受到季风影响的城市,位于温带湿润气候地区,也是大陆性季风气候。与北京类似,首尔的夏季和冬季较长,春秋两季短。春天比较温暖,但多风,有时会出现沙尘暴。夏季温度基本在 20℃ 以上,7 月到 8 月多为 30℃ 左右,天气闷热,也多雨,常因降水量大而发生洪水等灾害。秋季则比较凉爽。冬季气温常在 0℃ 以下,寒冷时间持续长,降雪较多但降水量少,天气干燥。首尔的年平均气温为 12.5℃,市区最低温度为 - 23.1℃（1927 年 12 月 31 日）,最高温度为 39.6℃（2018 年 8 月 1 日）,与北京也基本相同。据统计,首尔有水文记录以来的平均降水量约为 1450.5 毫米,大概是北京的 2.5 倍,但是首尔地区年降水量并不是特别稳定,波动幅度较大,比如 1990 年降水量为 2355.5 毫米,1949 年则只有 633.7 毫米。[②]

---

① 《北京气候特点》,中国气象局,http://www.cma.gov.cn/kppd/kppdqxsj/kppdtqqh/201810/t20181023_481516.html.

② Lee, Sang – Hyun & Baik, Jong – Jin, Statistical and Dynamical Characteristics of the Urban Heat Island Intensity in Seoul, *Theoretical and Applied Climatology*, vol. 100, 2010, pp. 227 – 230.

（三）战略地位

北京是中华人民共和国的首都,中国共产党中央委员会、全国人民代表大会常务委员会、中央人民政府、中国人民政治协商会议常务委员会都在北京。北京也是重要的交通枢纽,截至 2019 年底,北京的道路总长为 7329 公里、拥有 2 个国际机场、16 个铁路客运枢纽站,市内交通形成了以公共汽车、出租车、地铁等为主的综合体系。①

首尔与北京一样,战略地位非常突出。首尔在朝鲜半岛中部,居于战略要地,衔山抱水,城市与自然融为一体,百济、朝鲜、大韩民国都在此建都。现在的首尔集中了大韩民国的中央立法、行政和司法机关。汝矣岛和瑞草区分别形成了国会、大法院等法律园区,钟路区有青瓦台、政府、首尔大楼等中央行政机关和宪法裁判所等国家司法机关,中区贞洞则聚集了各国使领馆。与北京一样,首尔也是韩国的交通运输中心。京釜高速公路、西海岸高速公路、龙仁首尔高速公路等与韩国南部相连,仁川国际机场高速公路和京仁高速公路与仁川广域市相连。以首尔站、龙山站、清凉里站和永登浦站为结点,连接了京釜线、湖南线、全罗线、长项线、中央线、太白线、岭东线等铁路线路,韩国的铁路管制中心也位于首尔,负责管理韩国全境的铁路。航空方面,短距离的国际航线一般都在金浦国际机场,中长途则使用仁川国际机场,机场有铁路,可以直达首尔站。首尔市内的公共交通与北京一样,主要是公共汽车、出租车和地铁,部分地铁与铁路相连,可以到达首尔周边的卫星城市。②

---

① 北京统计年鉴 2020:《城市公用事业》,北京市统计局,http://nj. tjj. beijing. gov. cn/nj/main/2020 - tjnj/zk/indexch. htm.

② MOLIT STATISICS SYSTEM, Ministry of Land, Infrastructure and Transport, http://stat. molit. go. kr/portal/cate/engStatListPopup. do#.

（四）人口组成

根据北京市统计局发布的数据，截至 2019 年底，北京市常住人口为 2153.6 万人，较 2018 年下降 0.03%，这是继 2017 年和 2018 年，连续第三年人口呈下降趋势。按户籍划分，北京常住人口中有 745.6 万人为常住外来人口，占总人口的 34.62%；按性别划分，男性和女性人口分别为 1094 万人和 1059.6 万人，男女比例为 1∶0.97，呈现出男多女少的特点；按城乡划分，城镇人口和乡村人口分别为 1865 万人和 288.6 万人，常住人口中的 86.6% 居住在城镇；按民族划分，北京居住着从汉族到基诺族的中国 56 个民族。北京的常住人口密度、常住人口出生率、常住人口死亡率和常住人口自然增长率分别是每平方公里 1312 人、8.12‰、5.49‰、2.63‰。[①] 从功能分区来看，北京可以分为首都功能核心区、城市功能拓展区、城市发展新区和生态涵养发展区，其人口分布密度分别为每平方公里 23407 人、7488 人、958 人和 213 人，可见，北京的大部分人口都集中在了首都功能核心区。[②] 此外，北京还是一个国际性的大都市，为数不少的外国人在此居住，他们都是来中国学习和工作的，很多人已经在北京定居。

2020 年 12 月，首尔特别市发布了《2020 年首尔统计年鉴》，其中的"人口"部分显示，至 2019 年末，首尔特别市总人口为 1001.1 万人，自 2009 年以来，连续呈现下降趋势，但已有所减缓。按性别划分，男性人口为 487.8 万人，女性为 513.3 万人，男女比例为 1∶1.05，这一点与北京的人口性别结构大不相同；按年龄结构来看，0 岁至 14 岁人口占比 10.5%，15 岁至 64 岁占比 74.7%，65 岁以上的人口占比 14.8%，而 1960 年时，上述三个年龄层次

① 北京统计年鉴 2020：《常住人口（1978—2019）》，北京市统计局，http://nj.tjj.beijing.gov.cn/nj/main/2020-tjnj/zk/indexch.htm.

② 北京市第六次人口普查办公室：《北京市常住人口地区分布特点》，北京统计信息网，http://www.bjstats.gov.cn/lhzl/rkpc/201201/t20120109_218574.htm.

的占比分别为 36.9%、60.9% 和 2.2%,通过 2019 年和 1960 年数据的纵向时间对比,可以发现,首尔呈现出老龄化社会的特征;按人口分布来看,首尔的人口密度为 16204 人/平方公里,远高于北京,其中,松坡区人口最多,有 68.3 万人,中区人口最少,共 13.6 万人。近 10 年来,首尔的总和生育率①在上下波动后,总体呈下降趋势,由最高峰时期的 2012 年,每个妇女平均生育 1.06 个孩子,下降到 2019 年的 0.72 个,平均每人不足 1 个孩子。人口出生率近 10 年来也急剧下滑,2009 年至 2012 年总体维持在 9‰ ~ 9.4‰的区间内,从 2013 年开始,降低到 8.4‰,2016 年至 2018 年的出生率进入快速下降通道,分别降至 7.6‰、6.5‰、5.8‰,2019 年继续下降至 5.4‰,②远低于北京的 8.12‰。

三、从普通城市到全国首都

城市是人类聚集和生活的重要舞台,是人类文明的产物,它的主要功能就是为民众提供服务和便利。为了实现这一目标,所有的城市都应该具有管理(政治)功能、经济功能、安全功能、文化功能、教育功能、交往功能、生态功能等基础性功能,严格来说,这些功能都是一个城市的必备功能。一座城市一旦成为首都,政治功能便会巩固和升级,进而成为全国性政治中心,其他的功能会因为行政因素快速聚集,有些功能会成为全国性的中心,有些则不会,具体情况要视该国国情和既往历史而定,但首都的地位一般都会随之强化。过度膨胀的首都往往会患上严重的城市病,这也成为中韩两国近年来首都发展面临的主要问题。

---

① 总和生育率(Total Fertility Rate),也称总生育率,是指该国家或地区的妇女在育龄期间,每个妇女平均的生育的子女数。

② 김지연,『제 60 회 2020 서울통계연보』,서울특별시,2020 년 12 월,11~13 쪽.

（一）政治功能

春秋战国时期北方燕国的首都蓟是北京最早的建都记载。此后，作为全国统一性政权元、明、清的首都，北京的政治功能被确定并进一步强化。此外，五四运动在北京首先爆发，北京是新民主主义革命开始的地方，具有重要的革命意义，政治含义尤为强烈。再者，北京在中国历史上作为统一国家政权首都的时间较长，如果从忽必烈1272年定都大都算起，到1927年，宁汉合流，国民政府在南京改组，除去中间明朝初年朱元璋和中华民国临时政府定都南京，北京作为首都的时间长达近800年。最后，新中国选择北京为首都还有国际交往功能的考虑：北京相较于其他的首都备选城市，离苏联和蒙古较近，背靠社会主义兄弟国家，易于团结起来共同御敌，也不用担心北方发生冲突和战争，能够一心一意进行建设和发展。

首尔与北京一样，也是文明古都，在政治功能上有着特殊的意义。1394年，朝鲜太祖李成桂迁都汉阳，一年后更名为汉城府；1910年，日本殖民者将汉城府改名为京城府，隶属于京畿道，地位被降级；1945年朝鲜半岛光复后，京城府更名为首尔市；1946年，首尔市从京畿道分离出来，地位升级，成立首尔特别自由市；1949年，城市名称由首尔特别自由市改为首尔特别市。从首尔名称的演变过程可以看出，首尔在韩国政治生活中一直都处于政治中心，发挥着强大的政治功能。1945年9月6日，美军进驻首尔，实际上是在以首尔为政治中心处理朝鲜半岛事务，半岛分裂后，首尔成为大韩民国事实上的首都。① 1962年，韩国制定《首尔特别市行政相关特别措施法》，首尔市成为国务总理直属机构，首尔市长的行政级别提升为部长级。此后，韩国依据《新行政首都特别法》，决定将部分国家机关迁往新选定的行政首都"世宗

① ［韩］姜万吉：《韩国现代史》，陈文寿、金英姬、金学贤译，社会科学文献出版社，1997年，第210～213页。

市",但首尔作为政治中心的地位并没有改变。

（二）功能聚集

一座城市的建立从自然条件出发,逐步成长,具备各项满足市民生活的功能,进而由于某些条件或是历史机缘成为首都,政治中心的功能一旦被赋予该座城市,便会产生由政治功能而衍生出的其他功能,其中有些是核心功能,有些是非核心功能,核心功能的强化会使得城市成为某些功能中心,如安全(国防)功能,这反过来又进一步巩固了首都的地位。

同第一节中提到的一些首都不同,北京和首尔都属于多功能性首都,甚至是全能型首都。北京被确立为中华人民共和国的首都后,在中央政府的指导下,北京增加了大量的工业项目,这一趋势在后期发展中逐渐强化。改革开放以后,北京的商品零售和批发、房地产、电子信息技术等服务性行业也开始迅速发展。由于北京的政治中心优势,城市快速聚集了经济功能,成为中国北方的经济中心。文化、教育、医疗、娱乐等方面的功能也经历了同样的过程,相关资源逐渐向首都集中。首尔也有着和北京类似的经历,作为韩国的政治中心,众多的政府机关驻扎在这里,政治功能对经济、文化、教育等方面的驱动性非常显著。朝鲜战争结束后,首尔吸引着大量就业人口涌入,城市规模不断扩大,朴正熙政府时期制定的第 1 次经济开发计划(1962—1966)、第 2 次经济开发计划(1967—1971)[①]都将首尔列为重点经济开发地区,是产业规划中工业发展的核心地区。政治的引导和工业的发展促进了首尔的商业繁荣,以市内南大门路、忠武路、明洞等商业街和南大门市场、东大门市场、中部市场等综合集市为中心,首尔的连锁店、超级市场、地下商贸区陆续出现。文化和教育机构也逐渐集中到首尔,韩国主要的大

---

① 刘晓鹰、刘兴全、[韩]朴燮等:《中韩区域经济发展与农村城镇化研究》,民族出版社,2010年,第 69 页。

学、研究院、博物馆、图书馆和出版社都在首尔开展工作或是设立总部,首尔还成功举办了一次奥运会,合办了一次世界杯足球赛,俨然已经成为国际性的文化都市。①

(三)地位强化

从政治功能到安全(国防)、经济、文化、教育等功能的聚集,首都城市有着天然的优势。行政资源会带动国家在资源分配时偏向于政治中心,以便提供充足的人力、物力和财力来支持国家的正常运转。首都功能中心地位强化的方式和过程与具体国家的国情息息相关。美国属于移民国家,有着新教徒的生活方式和神圣的宗教使命感,对于权力的约束和分权治理格外痴迷,加上历史的因素,华盛顿一直就是政治的中心,是单一型首都,虽然也聚集了其他的功能,但这些功能并没有成为全国性的功能中心。

中韩都是传统意义的东方国家,19世纪中叶以来,两国经历了西方文明的冲击,或多或少都受到影响,但中央集权的模式没有根本改变,因而首都对于功能的聚集效应非常明显。中韩对于首都城市的建设目标可以概括为大、全、多,简单而言,就是首都是全国最好的城市,这里的东西,无论是什么,肯定都是最好的。北京和首尔在功能聚集以后,逐渐成为各自国家的全能型中心,各类政治组织、企业、社会团体、大学等纷纷涌入首都,带给城市极大的压力,甚至接近了自然和社会的极限承载力。20世纪80年代以来,全球政治和经济发展进入一个新的时期,进入21世纪的世界变得更加多元、开放和自由,传统的全能型首都带来的资源分配、人口压力、社会治安、生态恶化等问题敲响了城市发展模式的警钟。中韩首都的规划和发展思路也开始转变,由强化全能型中心的地位转向巩固首都的核心功能,疏解非首都(非核心)功能,采取城市副中心、卫星城、非首都功能疏解迁入地,乃至于迁

---

① 董向荣:《列国志·韩国》,社会科学文献出版社,2009年,第3~4页。

都等办法来解决问题。

（四）城市病

上一部分已经谈到，传统的全能型首都的发展模式是不可持续的，因为多功能中心的首都城市带来的必然是高密度的聚集，其后果就是严重的城市病。第一章第一节中提到，城市病是指在城市发展的过程中产生的负面效应或社会问题。主要的"病症"是人口密度大、工业聚集、环境污染严重、出行难、自然资源供给紧张等。

北京的人口密度在 2019 年底达到 1312 人/平方公里，总人口突破2153.6 万人。根据《北京城市总体规划（2004—2020 年）》，北京市 2020 年常住人口应当控制在 1800 万人左右，而这一数字实际上已经在 2009 年被突破，当年北京市总人口数达到 1972 万人。[①] 2017 年，《北京城市总体规划（2016—2030 年）（草案）》将 2020 年城市总人口数量调整为 2300 万人，并明确此后总人口数应控制在此数量左右，长期稳定下来。[②] 庞大的人口数量给北京的发展带来极大的压力，城市的水、电、煤气、暖气等日常供应紧张，甚至于日常生活中的油、盐、酱、醋等物资大部分也需要从京外运送。还有垃圾处理、高房价、看病难、上学难、出行难等一系列"难"题，北京已经是不堪重负了。

首尔和北京的城市病一样，也存在着由高密度的人口和自然、社会资源之间引发的激烈矛盾。首尔总人口数量虽不及北京，但由于面积也不及北京，所以人口密度方面反而较北京更加密集，达到了 16204 人/平方公里（2019 年）。大量的人口所引发的交通、公共服务、环境问题近年来也愈发严

---

① 《北京人口规模膨胀超资源极限 城市运转压力空前》，环球网，https://china. huanqiu. com/article/9CaKrnJqkRj.

② 孟丽静：《〈北京城市总体规划（2016—2030 年）〉草案编制完成》，中华人民共和国中央人民政府，http://www. gov. cn/xinwen/2017－03/29/content_5181659. htm.

重。单就生态环境来看,首尔地区聚集着大量的工业设施,市内排放的煤烟、汽车尾气等污染物遮天蔽日,甚至造成太阳光不能直接照射到地面,使得首尔的年平均日照量下降。2020年,因为新冠肺炎疫情的大规模暴发,人们减少了工作和在室外活动的时间,一些工厂和商店停业,加上天气因素,首尔的空气反而变得洁净起来,一年中有110天,可吸入颗粒物都保持在了普通水平以下。[①] 由此可见,大量而密集的人口在生产和生活的过程中对一座城市所造成的巨大影响力。

---

① 강은지, "110일만에 서울-충청 '나쁨'… '초미세먼지 습격' 시작되나", 동아닷컴, ht-tps：//www.donga.com/news/Society/article/all/20201020/103522253/1 ,2020년 10월 20일.

第三章　北京与首尔的首都功能定位

首都功能与城市功能不尽相同，首都肯定具备城市拥有的基础性功能，而且往往是功能中心城市，如政治中心、安全中心、国际交往中心等。但是首都功能有核心与非核心的区别，核心功能就是作为首都必须具备的功能，非核心功能也就是非首都功能。所谓非首都功能，并非是不需要这些功能，或是没有这些功能，而是说并非是功能中心。比如，中国和韩国都是单一首都国家，北京和首尔属于全能型首都，几乎所有城市功能都是全国性的功能中心，但华盛顿则是政治型首都，虽然城市本身具有经济功能，却不是全美国的经济中心。因此，城市功能与功能中心并不是一个意思，从首都疏解某项功能不是要消除或移走它，而是让其他地区分担或是完全承接功能中心的职责。

第一节　首都核心功能

首都核心功能就是首都功能，是城市作为国家首都必须具备的基本功能。首都功能具有三个特征:核心性,首都功能是首都城市功能中最初始的功能,其他的功能都是由此衍生或发展出来。必要性,首都城市必须具备这些功能,且能畅通运行,否则城市就不能称之为首都,这是首都功能的必要条件。基础性,也就是首都必须具有功能的下限,就是说,一个首都城市至少需要某几项功能才能发挥出效用,也就是首都功能的充分条件。需要再次强调的是,对于首都而言,一般所讲的功能定位就是全国的功能中心,如政治中心是首尔的首都功能之一。相应地,非首都功能是非全国性的功能中心,如经济功能是北京的非首都功能,意思是北京的首都功能定位没有经济中心这一项,但并不是说北京作为一座城市不需要经济功能,这是违背常识的。

　　本书中的首都核心功能(首都功能)和非核心功能(非首都功能)是按照最基本的情况划分的。比如,所有国家的首都基本都是政治中心、安全(国防)中心和国际交往中心,但并不是每个国家的首都就只有这三项核心功能,如伦敦就是英国的经济中心。"首都非核心功能"是研究时确立核心功能范围后形成的相对概念,所以这一概念也是最基本的情况。经济、文化、教育被放在了"首都非核心功能"中进行论述,也不是说这三项就不能成为某个国家的功能中心,相反,这样分类恰恰符合首都功能三个特征之一的基础性,也就是充分条件,功能中心都是下限条件,上限是没有的。正如毛泽东所说:"在一定场合为普遍性的东西,而在另一一定场合则变为特殊性。反之,在一定场合为特殊性的东西,而在另一一定场合则变为普遍性。"[①]这就是矛盾的普遍性和特殊性。

---

① 《毛泽东选集》(第一卷),人民出版社,1991年,第318页。

一、政治功能

首都为中央政府对全国实施政治管理提供硬件和软件设施,是全国的政治中心,这是首都功能中的核心定位,政治功能是每个首都必须拥有的,是城市成为首都的充分必要条件。"政治管理不过是解决权力制约关系内在矛盾的另一选择途径,是这一矛盾的重要行为体现。"①政治中心的主要职责就是解决矛盾,推动国家和社会不断进步,实现自我发展的目标。"在人类文明史上,任何阶级的统治者都是借助国家权力而进行的。"②因此,北京与首尔的政治功能从表现形式上看似一致,但其本质却不相同。中韩的国家性质不同,一个是社会主义国家,一个是资本主义国家,北京的政治功能本质上是为人民民主专政的社会主义国家政治管理提供服务;首尔的政治功能本质上是为资产阶级的统治服务。

(一)民族国家的政治象征

现代国家多属于民族国家,"在讨论民族国家时,我们从民族,即觉得自己是一个大认同群体的一部分的人们的观念开始。民族产生是一个复杂的长期过程,这个过程培养了民族主义"③。首都作为民族国家领土的一部分,与国家的政治制度紧密相连,是民族国家的政治象征。中韩两国都是现代民族国家,但也不完全相同。中国是一个多民族的国家,"中国人"的概念向来是与文化及其传承相联系的,而非血统。韩愈在《原道》中说:"孔子之作《春秋》也,诸侯用夷礼则夷之,夷而进于中国则中国之。"说的就是这个道

---

① 王浦劬:《政治学基础》,北京大学出版社,2014 年,第 136 页。
② 王沪宁:《政治的逻辑:马克思主义政治学原理》,上海人民出版社,2004 年,第 183 页。
③ [美]布鲁斯·拉西特、哈维·斯塔尔:《世界政治》(第 5 版),王玉珍等译,华夏出版社,2001 年,第 42 页。

理。韩国则是单一民族国家。因此,北京是"中华民族"大家庭的首都,其中蕴含着国家整合和民族团结的深意,首尔凸显的是韩民族①的政治文化和国民的民族自豪感。

清军入关后,从盛京迁都到北京,目的之一就是为了更好地控制中原地区,以"中国"的统治者身份君临天下,而非只是满人的皇帝。康熙、雍正、乾隆等皇帝都学习儒家经典著作,任用汉族士人为官僚,故宫也跨越明清两代,成为清朝皇帝的皇宫。今天北京的一些政治文化代表建筑仍然是充满了多民族风情:蒙古族语言命名的"胡同"等,故宫里面很多殿宇的匾额也是用汉满两种文字书写。首尔的民族特色和政治象征建筑基本尽显。这一点与北京的差别很大。北村韩屋村、景福宫、汉阳都城、光化门广场、国立中央博物馆、首尔历史博物馆都坐落在首都首尔。光化门广场上巨大的世宗大王和李舜臣铜像彰显了国家对历史杰出人物的崇敬与缅怀,蕴含着浓厚的民族情怀。

民族国家的政治象征不仅仅表现在精神层面,也表现在物质层面。北京与首尔有着强大的政治动员和辐射能力。1919 年爆发的五四运动从北京开始,最后席卷全国;同年爆发的三一运动也是始于首尔,最终成为全国性的民族独立运动,给日本殖民当局造成沉重打击。国家要善用政治动员和辐射能力,明确首都城市能够承受的范围和限度,避免首都政治功能压制了生活功能,造成官民之间关系的过度紧张,让首都的政治性过强,丧失了对民众的民族精神凝聚力。

(二)国家统治机关的聚集地

首都城市政治功能的最直观体现就是大量的国家统治机关驻扎在首

---

① 朝鲜半岛内部对于自己民族的称呼并不一样,朝鲜人民民主主义共和国称之为"朝鲜民族",大韩民国称之为"韩民族"或"大韩民族"。本书研究的对象是韩国首尔,所以采用韩国的称呼,即"韩民族"。

都,中央级别的官员在此办公和生活。国家一般会将最高立法机关、中央政府、最高法院、政党总部、社会团体机关、行业协会等设立在首都。除了国家的中央统治机关聚集在首都地区,大量的地方政府机关、统治附属机构、利益集团也都会在首都有相应代表或代理部门,这些机构与中央统治机关相互联系,共同构成了一张复杂的政治统治互动网络。表5列出了北京与首尔市区中央政府机关及相关机构的分布情况:

表 5 北京与首尔市区中央政府机关及相关机构分布

城市	机构	职能	地址
北京	中国共产党中央委员会	执政党中央机关	北京市西城区西长安街某号
	全国人民代表大会常务委员会	最高权力机关常设机构	北京市西城区永定门西街甲1号
	国务院	中央行政机关	北京市西城区西长安街某号
	中国人民政治协商会议全国委员会常务委员会	最高参政议政机关常设机构	北京市西城区太平桥大街23号
	最高人民法院	最高法院	北京市东城区东交民巷27号
	最高人民检察院	最高检察院	北京市东城区北河沿大街147号
	中国人民银行	中央银行	北京市西城区成方街32号
首尔	青瓦台总统府	总统官邸	首尔钟路区青瓦台1号
	国会	中央立法机关	首尔永登浦区议事堂大路1号
	大法院	最高法院	首尔瑞草区瑞草大路219号
	宪法裁判所	判定宪法纷争的特别法庭	首尔钟路区北村路15号
	政府首尔大厦	中央行政机关	首尔钟路区世宗大路209号
	韩国银行	中央银行	首尔中区南大门路39号
	国际疫苗研究所①	韩国首个研究和开发疫苗的国际机构	首尔冠岳区冠岳路1号首尔大学研究公园内

从表5可以发现,中国中央级党政机关都集中在北京的中心城区,韩国

---

① 国제 백신 연구소:https://www.ivi.int/ko/.

的国家最高立法、行政、司法部门也都在首尔市区内。中韩两国国家统治机
关聚集在首都,凸显了北京与首尔的政治中心地位,是首都城市履行首都核
心功能的具体表现。有些部门在平时看似与首都政治中心的定位无关,但
在特殊时期则会表现出其独特的政治功能。表5中韩国首个研究和开发疫
苗的国际机构"国际疫苗研究所"是由联合国开发计划署倡议建立,旨在为
发展中国家民众提供优质疫苗的医学研究机构。在2020年新型冠状病毒肺
炎全球大流行的背景下,国际疫苗研究所显现出"医疗政治"的独特功能。[①]

众多的政治及其附属机构也为研究中韩两国的政治制度、政治权力、政
治统治、政治管理、政治参与和政治心理提供了绝佳场所和观察对象。此
外,由于众多政治性的机关和组织都在首都,中央政府需要特别关注不同部
门和群体之间的相互关系,特别是处理好中央与地方、官方与民间的关系,
协调不同地方之间的关系。最后,各种各样的政府机关、企业、大学、研究院
所涌入首都地区,为的是方便利用首都强大的政治资源,利于自身未来的发
展。在这一过程中,它们所雇用的人员和家庭亲属也都进入首都,无意中扩
大了首都的规模,造成资源紧张,也加剧了新移民和原住居民之间的矛盾。
北京市2018年制定的《北京市新增产业的禁止和限制目录(2018年版)》就
已经提出不允许北京之外的企业总部迁入北京市区,也不再新设高等院校,
对批发零售业等行业也作出限制,今后禁止新建和扩建。[②] 首尔也将一些行
政部门搬迁到世宗市,把市内的一些产业迁移到首都圈内的盆唐、板桥等
地,以此来减轻首都城市的负担。

---

① "COVID - 19 and NTDs:from setbacks to a new way forward"、"Leading experts suggest compre-
hensive post - efficacy strategy required after demonstrated efficacy of COVID - 19 vaccines in Nature Medi-
cine commentary"、《中国驻韩国大使馆向国际疫苗研究所捐款》等国内外报道。上述资料来源于国
际疫苗研究所官方网站和新华网。

② 北京市发展和改革委员会等:《北京市人民政府办公厅关于印发市发展改革委等部门制定
的〈北京市新增产业的禁止和限制目录(2018年版)〉的通知》,北京市人民政府,http://www. beijing.
gov. cn/zhengce/zhengcefagui/201905/t20190522_61514. html.

二、安全(国防)功能

安全(国防)功能是由政治功能衍生出来的核心功能之一,也是首都与生俱来的功能,一座城市一旦成为国家的政治中心,那么它的安全性毫无疑问是国家需要考虑的重要问题。很长一段时间内,首都安全中心其实就是国防中心,特别是在战争时期,一国首都如果被敌国攻克,即使国家没有灭亡,国民的士气也将受到重挫。苏联电影《莫斯科保卫战》有一句经典台词:"俄罗斯虽大,但我们已无路可退,身后就是莫斯科!"讲的就是这个道理。2001年9月11日,美国发生恐怖袭击后,人们对以恐怖主义为代表的非传统安全威胁有了新的认识,首都已不仅仅是国防的中心,而是应对一切安全威胁的中心城市,是国家安全的首脑和指挥部。

(一)国防工作的指挥中枢

首都作为国防工作的指挥中枢可能是首都城市最古老的功能,最初的首都,大多数就是在军事城堡的基础上发展而来的,如俄罗斯的莫斯科;或是处于战略要地,如中国的古都洛阳。本书第二章的表4里中韩历史上的许多首都城市就是战略要地,属于交通要道,是兵家必争之地。根据历史记载和考古,中国最早的"夏邑"和古朝鲜的"王俭城"都有城墙围绕,还有人工河护佑城市。中韩后来的一些首都逐渐完善了防卫功能,发展出外城、内城、宫城三重结构,还有城墙、角楼、骑楼、瓮城等防护设施。国防军事工作常常以君主们为中心开展,首都集中了强大的君权,而其主要组成就是"治权"和"军权",军事中心与政治中心在首都实现了重合。明成祖朱棣将首都从南京迁到北京的一个重要原因就是要解决政治中心和国防中心不统一的问题。

从古至今,首都城市都是军队驻扎和保护的中心地带,许多国家军事指挥机关也都集中在首都地区。中国共产党中央军事委员会、中华人民共和国中央军事委员会、中央军委联合作战指挥中心和国防部都在北京办公；韩国国防部和韩美联合军司令部也都位于首尔市区之内。驻韩美军总部虽不在首尔，但也位于首都圈内京畿道平泽市的汉弗莱营，驻韩美军原有的30多个军事基地，有4个位于首尔，20多个位于首都圈内的京畿道，还有1个位于首都圈内的仁川。近年来，经过合并和改组，还有第八集团军、第七航空队、驻韩海军陆战队部队等9个主要分支组织。① 例如，位于首尔市内的驻韩美军龙山基地在日本殖民时期就有日本军队驻扎，以方便控制首尔地区，现驻扎着美国陆军第八军团，分为北营区和南营区，是首尔市内重要的军事力量。首尔的美军基地和武装力量是历史原因造成的，美国打着保护韩国的旗号，实际上把控着韩国的战时作战指挥权。近年来，随着驻韩美军陆续犯下一些罪行，②引起了韩国有识之士的普遍不满，收回战时作战权和军事基地的呼声不断出现。

当今时代的主题已经由"战争与革命"转变为"和平与发展"，首都的战时军事指挥中心功能好像并不明显，然而《司马法·仁本第一》说："故国虽大，好战必亡；天下虽安，忘战必危。"如果不重视首都的国防指挥功能，国家一旦处于"乱"的危机之中，那必将造成严重的影响。不论时代如何变迁，占领或是破坏敌方首都仍然是交战双方的主要目标，美国对巴格达、喀布尔的占领，对贝尔格莱德的轰炸就是明证。

（二）全国安全稳定的保障中心

相对于对外的国防工作，安全稳定更多地指国内社会稳定，首都的安全功能从这一方面来讲，就是要保障首都的稳定发展，不要成为国内政治斗争

---

① United States Forces Korea；https：//www. usfk. mil/.

② 2000 年 2 月 9 日，驻韩美军于将大量甲醛倾倒入汉江；2002 年 6 月 13 日，美军一辆装甲车在京畿道杨州郡碾死两名无辜的中学生；2020 年 7 月 4 日，包括美军在内的一群外国人违反新冠病毒肺炎防疫规定，在海云台聚集，并燃放几十支爆竹。

的前沿或是社会动乱的舞台,避免国家滑入"乱"的深渊。

　　首都城市里的"社会精英"或是中产以上阶层人数往往多于国内其他地区,相对于其他的社会阶层,他们更倾向于"自主"意识,具有批判观念和责任感,爱国情怀强烈,有参与国内政治事务的热情。大学生也是首都一个庞大的群体,他们接受了高等教育,处于象牙塔之中,没有家庭和社会的羁绊,对政治公正和社会公平的追求充满了期望,作为国家未来的主人翁,他们对一些国家事务的看法和意见不可能完全被视而不见。1960 年 4 月 19 日,首尔地区的大中专学生高喊口号,到国会和总统府等地游行,支持马山示威,要求李承晚下台并重新举行大选,后发生官民冲突,首都的许多建筑物遭到破坏,还发生了一些暴力活动。① 此外,还有大量的务工人员在首都从事着技术含量较低的工作,他们是社会的底层,属于弱势群体,容易被群体情绪感染,从众心理和行动更强烈。如果突发政治或社会事件,不同的群体会汇集在政治中心,再不加控制的话,国内其他地区的民众将经由公路、铁路、飞机等便利的交通方式到达首都,最终对首都城市的安全形成重大隐患。

　　作为国家的政治中心和统治象征,反政府和恐怖主义活动往往以首都为目标,占据或是损毁具有政治含义的建筑物,袭击普通民众,造成恐慌,给国家安全带来冲击。2011 年 5 月 12 日,首尔市内的火车站和高速客运站发生连环爆炸案,警方调查后逮捕了 3 名犯罪嫌疑人,这 3 人的作案动机是在首都地区制造恐怖主义的恐慌氛围,以便他们购买的股票能够升值,从而大赚一笔。②

　　随着科学技术的发展,保卫国家首都并不一定需要将所有的军事设施都建设在首都辖区之内,也没有必要为维护首都的安全稳定而部署大量的

---

　　① ［韩］李基白:《韩国史新论》,厉帆译,厉以平译校,国际文化出版公司,1994 年,第 403 页。
　　② 《韩国连环爆炸案"旨在操纵股市"》,BBC News 中文,https://www.bbc.com/zhongwen/simp/rolling_news/2011/05/110515_rolling_korea.

武装力量,现代科技削弱了首都的战略要地功能,地理因素不再是重要条件。在国防方面,以美国为首的一些国家提出了未来战争的形式将是"网络战争""空间战争",超越了以往认知中以首都为中心、争夺领土的传统战争。在安全稳定方面,一些国家扩大了首都安全的地理范围,一般都是以首都为中心的首都圈,或是相关联的地理区域,而不仅仅局限于首都市区。北京将河北等首都圈地区作为首都安全的"护城河",将安全隐患消弭在首都之外。河北省一贯强调要坚决当好首都政治"护城河",以河北之稳拱卫首都安全。①

三、国际交往功能(外交功能)

首都城市的国际交往功能实际上就是外交功能,同安全(国防)功能一样,也是由政治功能衍生出来的核心功能之一。从类型上讲,国际交往功能大概有三类:国际政治交往、国际经济交往和国际文化交往,从交往主体而言,可以分为政府间交往和非政府间交往。当然,国际交往还可以从不同角度来划分类型,不论何种标准,国际交往的含义相对固定,指的是国际关系中不同行为体之间的互动。"它们彼此毗连、相互影响……彼此共存和共处……"②某些非首都城市也拥有国际交往功能,如中国上海和韩国釜山,但它们不可能成为国家的国际交往中心,特别是在带有主权外交色彩的国际交往之中发挥功能。

---

① 四建磊:《坚决当好首都政治"护城河" 以河北之稳拱卫首都安全》,《河北日报》,2018 年 1 月 5 日。
② [加拿大]罗伯特·杰克逊、[丹]乔格·索伦森:《国际关系学理论与方法》,吴勇、宋德星译,中国人民大学出版社,2012 年,第 2 页。

（一）国家主权外交

国家主权外交是首都作为国际交往中心的一个重要功能。代表国家主权的外交机构都会在首都开辟使领馆，派驻外交人员，进行国家间的官方外交行为。在国际关系中，人们常常会以首都名字来指代国家，如北京指代中国，首尔指代韩国，这是一种主权外交在口语中的体现。1949 年以前，东交民巷是北京的外国使馆区，也成为旧中国屈辱外交的代名词。中华人民共和国成立以后，北京的建国门和朝阳门外分别建设了第一使馆区和第二使馆区，新中国建立初期就与我国建交的国家和 20 世纪 60 年代及以后建交的西方发达国家分别驻扎在这两个区域。改革开放以后，北京又将亮马河下游过三环路的区域开辟为第三使馆区，美国、韩国等驻华大使馆在 2000 年以后陆续迁入该区域。相关部门后来又在首都机场附近规划了第四使馆区，目前还在开发阶段。

除外国使领馆外，在国家主权外交上，首都城市还会与国外城市结成友好城市。截至 2021 年 2 月 2 日，北京的国际友好城市遍布全世界五大洲，共55 个，①这些城市大部分是与中国有外交关系国家的首都，如北京在北美洲的友好城市有 5 个：纽约市、华盛顿市、渥太华市、圣何塞市和墨西哥城，除纽约市外，其他全部是所在国首都。首尔的情况与北京类似，迄今为止共有姐妹城市及友好城市 71 个，大部分也都是对方国家的首都，还有一些是省级行政单位。北京是首尔的姐妹城市，除此外，中国台湾的台北市也是姐妹城市，还有山东省、江苏省、广东省、浙江省、天津市、上海市、四川省和重庆市是首尔的友好城市。②

在国家主权外交中，首都实际上充当了国家国际政治交往中心的角色，

---

①　北京市人民政府外事办公室官方网站：http：//wb. beijing. gov. cn/.
②　首尔特别市官方网站"政策资讯"栏中"国际交流/多元文化"项目：http：//tchinese. seoul. go. kr/.

外交访问、友好往来、大型国际会议、国际组织和重大活动等都会借助首都这个平台来开展。2020 年至 2021 年间,由于新型冠状病毒肺炎疫情的冲击,国际关系的活动大都通过视频连线来进行,所以作者统计了 2019 年 12 月份中韩两国国家元首在各自首都进行的外事活动:中国国家主席习近平在北京进行了 6 场外事活动,涉及主体包括俄罗斯、萨尔瓦多、韩国、日本和从都国际论坛。[①] 韩国总统文在寅在此期间在首尔一共有 5 场外事活动,会见了瑞典、中国和美国官员。[②] 其中,12 月 23 日,习近平主席在北京会见韩国总统文在寅,而文在寅则于 12 月 5 日在首尔会见了中国外交部部长王毅。

（二）国际关系互动

国际关系是人们超越国家界限建立的一种特殊社会关系,它包括政治、经济、军事、社会等关系。[③] 国际关系互动就是这种特殊社会关系的互动,体现在国际交往中就是政治、经济、文化、军事、社会等交往。除官方的国际政治交往以外,对于普通民众而言,首都的国际交往功能更多地体现在国际经济和国际文化交往。需要强调的是,国际经济或文化交往中心并不等于经济或文化中心,换言之,首都的国际经济或文化交往功能不等同于经济或文化功能。国际经济或文化交往功能重在交往,它们只是国际交往功能的一个方面。北京是我国的国际经济交往中心,那是因为它本身就是国际交往中心,但在它的首都功能定位中,经济中心并非选项。

首都的国际经济交往功能体现在三个方面:第一,跨国企业、银行、贸易组织聚集;第二,市场体制完备,经济外向型程度较高,有发达的服务业;第三,有支撑经济发展的基础设施,特别是交通网络体系。北京和首尔都符合这三项条件。首尔于 2001 年设立首尔国际经济顾问团（SIBAC）作为首都的

---

① 中华人民共和国外交部官方网站:https://www.fmprc.gov.cn/web/.
② 대한민국 청와대:http://www.president.go.kr/.
③ 蔡拓:《国际关系学》,南开大学出版社,2005 年,第 1～2 页。

城市顾问机构,帮助首尔提升国际经济竞争力。早在21世纪初,就有众多的国际金融机构在北京设立办事处,外资银行也纷纷涌入,加上财政部、中国人民银行、银监会、保监会等金融保险机构的总部都在北京,夯实了北京作为国际经济交往中心的功能基础。西门子、三菱、铃木、道达尔、摩根士丹利、埃克森美孚、沃尔玛等世界500强企业都在北京和首尔设立了办事处。与首尔相比,北京的国际经济交往人才素质不及首尔,首尔在全球化电子政府(第一名,UN Survey,2008、2012)和劳动生产力(第一名,OECD,2011)方面都具有较强的竞争力。

国际文化交往中心功能表现在:首先,对外文化交流频繁且呈现包容开放的局面;其次,城市居民的知识水平和素质较高,有一定的国际意识;最后,城市有好的生态环境和社会环境,外国人对该地有较高的居住或旅游满意度。在文化交流上,首尔加入了世界大都市协会(Metropolis)在内的9个国际组织,开展了一系列国际文化交流活动。仅在2020年9月,首尔就举办了"智慧城市领导论坛"和"国际协会联盟(UIA)亚太圆桌会议3D虚拟会议"。2020年上半年,在新型冠状病毒肺炎大流行的背景下,首尔市长参加了"新型冠状病毒肺炎视讯交流会"和"CAC全球会议峰会2020城市政府市长会议",提出了诸如在全球城市间设立"传染病共同应对国际机构"等许多合理的建议。① 另外,在国际文化交往中,首尔积极推行城市外交方略,制定了解决全球城市问题、对东北亚和平繁荣有所贡献、官民协同城市外交、建设城市外交基础四个方面的具体政策。北京也很重视首都的国际文化交往功能。2008年上演的"《秦始皇》"和北京奥运会一起让来到中国的外国人切

---

① 首尔特别市官方网站"政策资讯"栏中"国际交流/多元文化"项目:http://tchinese. seoul. go. kr/.

实感受到'中华荣光'"①,特别是 2008 年举办的北京奥运会,吸引了全世界关注的目光,许多外国游客因为奥运会来到中国观光旅游,北京成为必不可少的目的地。奥运会期间,北京很好地发挥了国际文化交流中心的功能,有"200 多个国家和地区的 21600 名注册记者、5000 多非注册记者在中国进行奥运报道"②,他们不仅向全世界发出奥运会体育赛事的新闻,还给世界人民上了一堂关于中国的文化课。

第二节 首都非核心功能

相对于首都核心功能,首都非核心功能就是非首都功能。2015 年 2 月 10 日,习近平在中央财经领导小组(现为中央财经委员会)第九次会议上提出要疏解北京的非首都功能,北京"作为一个有 13 亿人口大国的首都,不应承担也没有足够的能力承担过多的功能"③。根据习近平在 2014 年 2 月 16 日考察北京时的讲话,北京的首都核心功能是全国的政治、文化、国际交往和科技创新中心,那么除了这四个"中心"的定位,其他的城市功能就属于北京的非首都功能。

第一节中已经谈到,政治及其衍生出来的安全(国防)和国际交往功能是首都必备的核心功能,世界上大部分国家的首都功能都是如此,中韩也不例外。首都非核心功能的情况则不太相同,实际结果与国家对首都的定位、城市的承载力、历史发展等多种因素相关,如北京的首都功能就没有经济中

---

① 〔日〕金子将史、北野充主编:《公共外交:"舆论时代"的外交战略》,《公共外交》翻译组译,刘江永审计,外语教学与研究出版社,2010 年,第 106 页。
② 文君:《公共外交与人文交流案例》(第 1 辑),世界知识出版社,2013 年,第 231 页。
③ 《习近平主持召开中央财经委员会第九次会议》,新华社,2021 年 3 月 15 日。

心,首尔却是韩国的经济中心。所以,作者在安排第二节研究内容时,是按照世界上大多数国家最基本和最普遍的情况,而非是认定经济、文化、教育等功能就一定是每个国家的首都非核心功能。

一、经济功能

前文已强调,首都作为一座城市,肯定是具备经济功能的,但是否是一国的经济中心则要看具体情况。在现代社会,首都城市如果同时是政治和经济中心,具备全国性的政治和经济资源,固然提高了首都的综合实力,却也增加了负荷,激化人与自然、城市内部不同群体、首都与国内其他城市之间的矛盾。所以,即使是以首都为经济中心的国家,也不会将所有的经济资源集中在一起,从资源分配和国家安全来讲,这也是不被允许的。大部分国家对首都的经济功能都是选择性的,区别只是在于选择的范围而已。首都是经济中心的国家选择的范围大、行业多、门类全,经济是非首都功能的国家则立足满足民众日常生活和城市实际发展需求。

(一)选择性经济功能

首都的经济功能是政治的衍生功能之一,最早是为了满足城市居民日常生活需要而进行的商品经济行为,多发生在集市地区。中韩历史上的首都都有集市区,如唐朝长安城就有"东市"和"西市"。近代资本主义萌芽发端于 16 世纪至 18 世纪的西欧地区,这段时间正好是地方封建领主衰落,中央王权兴起的统一民族国家形成期,政治与经济紧密结合,许多皇帝和国王自己也参与到贸易和金融活动之中,如西班牙的统治者斐迪南二世(Ferdinand Ⅱ)和伊莎贝拉一世(Isabel Ⅰ)就资助了克里斯托弗·哥伦布(Christopher Columbus)的探险和贸易活动。在这种历史条件下,里斯本、马德里、伦敦、巴黎等城市纷纷发展成为集政治、经济、金融、贸易为一体的功能中心。随着时代的发展,首都作为经济中心的一些弊端也显现出来:工业生产带来的环境污染,生态恶化,商业从业人口聚集的社会治理问题等。

新中国成立初期,北京的首都功能是"服务于大众、服务于生产、服务于中央人民政府"[①],定位与经济发展紧密相连。1953 年制定的《改建与扩建北京市规划草案要点》可以说是第一个首都城市建设规划,其中提出北京应当是我国的政治、经济和文化中心。北京的第一个五年计划在优先发展工业特别是重工业的基础上,逐步完成了三大改造,从一个消费性城市转变为生产性城市。[②] 此后,北京的工业项目和总产值快速增长,从业人员也达到历史新高。在当时的历史条件下,北京被定位为经济中心的原因有很多,既有政治考虑,也有经济考虑,还有国际关系因素,事后来看,布局和规划总体还是合理的,实施效果也达到了预期目标。改革开放以后,首都地区的工业企业出现资源消耗大、产出少、设备老化、污染严重等问题,上海、深圳、广州等城市凭借区位、人力资源、历史惯性等优势陆续崛起,城市的经济功能迅猛发展。在这种背景下,北京不再追求以工业为核心的经济功能,而以服务业和高新科技产业来发挥首都的经济功能,将北京的定位由经济中心转变为科技创新中心。

首尔与北京一样,最初成为国家的经济中心是政治功能带来的衍生品,不过,与中国相比,韩国国土面积狭小,资源有限,首都几乎聚集了全国的人力、物力和财力来发展经济,受到的照顾最多,国内很难找出像中国上海这样可以分担经济中心功能的城市。因此,当首尔遭遇到发展瓶颈时,采取了以首都圈为基本单位的产业疏解政策。首尔每隔一段时间就会修订《首尔特别市管理特别法案》《首尔市区重新规划计划法的执行令》《首尔都市圈再

---

① 刘海飞:《北京解放一周年纪念活动回眸》,《北京党史》,2011 年第 2 期。
② 申予荣:《1953 年〈改建与扩建北京市规划草案要点〉编制始末》,《北京规划建设》,2002 年第 3 期。

规划计划法》等,用法律法规的形式对首尔及其都市圈的经济功能进行调整,在确保首尔经济中心地位的同时,也促进首都地区的良性发展。相关法令禁止在首尔市区内新增大型企业,限制工厂的总数,对于 30 万平方米以上的工业用地、100 万平方米宅基地开发需要审批,除中央部署外不再新建公共大厦,首都市区不新建也不迁入新的大学,并对招生人数总量进行控制。①首尔重点发展智能经济、民生经济和社会型经济。

(二)首都经济发展方向

不论首都是否是全国性经济中心,经济功能都是一个城市的基本功能,选择怎样的经济发展方向,对首都城市而言不仅关系到社会的稳定,更与市民的日常生活息息相关。传统的工业发展方向已经被事实证明不符合现代社会的客观要求,信息革命带领下的知识经济成为全球各国竞相追逐的目标。从世界范围来看,首都城市的经济发展方向主要集中在信息技术与服务、金融、文化等产业。

经济功能是北京的非首都功能,但它仍然是我国的经济重镇和区域性经济中心,对于周边地区的经济发展具有强大的影响力。北京确定的经济发展方向是金融、信息、科技三大优势产业,2019 年,这三大产业增加值对经济增长的贡献率保持在 65% 以上。近些年来,北京将扩大内需、促投资、促消费、保就业作为经济平稳运行的基本政策,扩大对公共服务设施、科技产业和民生项目的投资。2019 年实际完成投资项目在 100 个左右,其中科技产业投资额度达 230 亿元,②主要集中在制造业、服务业、旅游业和文创产

---

① *Seoul Metropolitan Area Adjustment Planning Act*, National Law Information Center, https://www. law. go. kr/LSW/eng/engLsSc. do? y = 23&x = 37&menuId = 1&query = RAILROAD + LOGISTICS + IN-DUSTRY + DEVELOPMENT + AND + SUPPORT + ACT.

② 《关于北京市 2019 年国民经济和社会发展计划执行情况与 2020 年国民经济和社会发展计划的报告》,北京市发展和改革委员会,http://fgw. beijing. gov. cn/fgwzwgk/ghjh/gzjh/ndjh/202004/ t20200420_1859387. htm.

业。北京着重优化创新创业生态环境,制定相关保障和激励措施,在选聘人才、经费使用、管理体制和成果应用上给予基层单位更大的自主权力。政府推动人工智能、量子科学、脑研究、小微企业金融、绿色技术、集成电路、智联网汽车、数字经济、区域链、大数据和物联网、医疗服务、先进制造业等在北京的落地和健康发展。

首尔选择首都经济发展的方向为智能经济、社会型经济和民生经济。从字面上看,虽然称呼并不相同,但实际内容和北京重点发展的金融、信息、科技三大优势产业基本相同。在智能经济方面,首尔提出让城市变得聪明,以智慧产业为主导,以信息技术服务业和金融业为抓手,关注生物医药、绿色技术为代表的高端医疗服务,重视科技人才的培养与利用,实现城市的和谐发展。政府做好商务服务型产业,如金融、信息技术、设计、时尚、旅游等,便利市民生活,选择性发展数字印刷、机械电子、高新材料等先进制造业。在社会型经济方面,主要是多类型主体参与生产和消费的经济模式。这是首尔为扶持社会型企业、社区企业、小微企业等非财阀集团公司,保障经济运行中的公平竞争,促进人才合理流动和有序管理,改善经济生态系统所作出的努力。在民生经济方面,主要是发展城市农业、支援个体经营中小企业和建设传统市场。其中,城市农业有首尔型城市农业、轻巧型城市农业、第6产业①城市农业和文化·福利型城市农业。② 不得不说,首尔民生经济考虑到传统农业在现代城市中的发展出路,是绿色经济的具体实践,这一点北京无论在规划、设计和实施上都和首尔存在着一定的差距。

---

① 第6产业就是通过鼓励农户搞多种经营,不仅从事种植农作物,也从事农产品加工和销售、加工农产品,从而获得更多的增值价值。按行业分类,种植农业属于第1产业,加工农业是第2产业,服务农业是第3产业,用加法计算:1+2+3=6,用乘法计算:1×2×3=6,这就是第6产业名字的来历。

② 首尔特别市官方网站"政策资讯"栏中"经济/投资"项目:http://tchinese.seoul.go.kr/.

二、文化功能

首都文化是城市物质外化的精神表征,是市民创造的物质和精神财富总和,也是城市的名片和标签。文化中心的地位体现在三个方面:

第一,首都是文化的生成器和容纳皿,有丰富的文化资源。文化功能是政治功能衍生出来的,首都天然就有政治制度、思想、价值观等政治文化。这里高水平的国际文化交流活动也非常频繁,数量众多的学术研讨会、大型展览、艺术节等增添了城市的文化氛围。北京与首尔都有着悠久历史,文化中心的地位更加显著。

皇城文化、胡同文化、红色文化都是北京文化的关键词,还有首都圈地区的燕赵文化。2019年,北京完成了老城整体保护规划的编制,重点关注长城、西山、永定河、大运河、白浮泉、万寿寺等文化带。政府对市区历史文化遗存,特别是城市中轴线上的文化古迹立法保护,主要集中在正阳门修缮,胡同、四合院和名人故居保护,遗址公园规划和建设,培育和践行社会主义核心价值观、评比和宣传"时代楷模"、开放香山革命纪念地、积极参与"五个一工程"、文华奖等重量级文化奖项活动。① 首尔重点打造东大门、汉江、百济王城、汉阳都城、世宗路和韩文中心街的文化氛围,以韩国历史与民族文化吸引外国游客,带动韩国文化的传播和繁荣。首尔还把文化中心与经济中心建设结合在一起,制定了文化产业计划和扶持目标,将影视、游戏、动漫、时尚、缝制②作为首尔未来的文化创意产业,让文化"活"起来,产生效益

---

① 《关于北京市2019年国民经济和社会发展计划执行情况与2020年国民经济和社会发展计划的报告》,北京市发展和改革委员会,http://fgw. beijing. gov. cn/fgwzwgk/ghjh/gzjh/ndjh/202004/t20200420_1859387. htm.

② 首尔特别市官方网站"政策资讯"栏中"文化/观光"项目:http://tchinese. seoul. go. kr/.

和价值。

在这一点上,北京利用文化资源还基本停留在旅游和周边产品开发阶段,一些重要的文化景点都是以收取门票来获取发展资金,这种手段是不可持续的,游客的旅游体验重复性不强,在文化创意和创造方面,北京应当向首尔学习,结合自身的特点制定出可行的文化产业计划。

第二,首都的文化机构和设施是其他城市无法比拟的,这种优势不仅反映在数量上,更反映在质量上。中韩两国的文化管理部门就在首都,中华人民共和国文化和旅游部(以下简称"文旅部")位于北京市东城区建国门和朝阳门附近,大韩民国文化体育观光部(以下简称"文体部")原来位于首尔市内,现在已经迁移到行政中心城市世宗特别自治市内。中国文旅部经过若干次调整,在2018年3月,由原文化部和旅游局合并组成。韩国文体部在1994年12月接管了交通部观光局的日常业务,1998年2月改名为"文化观光部"。韩国早于我国把旅游,甚至是体育的事务并入到文化部门,说明他们认识到旅游对于文化产业发展的重要性,对两者之间关系的理解比我国早,而且深刻,部门的合并还精简了中央政府的总体规模,提高了办事效率。北京和首尔的文化机构和设施都是国家级的,为了更加直观地比较,作者按照古代宫殿、世界文化遗产、博物馆和纪念馆、艺术中心和剧院4个大类划分,具体情况见表6:

表6　北京与首尔主要文化机构和设施

城市	门类	机构或设施
北京	古代宫殿	明清故宫、颐和园、圆明园遗址等
	世界文化遗产	长城、故宫、颐和园、天坛、明清皇家陵寝、周口店北京猿人遗址、京杭运河等
	博物馆和纪念馆	故宫博物院、国家博物馆、首都博物馆、中国人民革命军事博物馆、中国人民抗日战争纪念馆等
	艺术中心和剧院	艺术研究院、中国美术馆、国家画院、中央歌剧院、国家京剧院、国家话剧院、国家大剧院等

城市	门类	机构或设施
首尔	古代宫殿	景福宫、昌德宫、昌庆宫、德寿宫、庆熙宫等
	世界文化遗产	昌德宫建筑群、宗庙、朝鲜王陵、南汉山城等
	博物馆和纪念馆	中央博物馆、民俗博物馆、大韩民国历史博物馆、古宫博物馆等
	艺术中心和剧院	中央剧院、艺术殿堂、世宗文化会馆、现代美术馆、首尔市立美术馆等

（资料来源：中华人民共和国文化和旅游部，https://www.mct.gov.cn/；大韩民国文化体育观光部，https://www.mcst.go.kr/chinese/index.jsp）

通过比较发现，中国和韩国中央级别的博物馆、纪念馆、艺术中心、剧院基本都在首都地区，这是政治中心带来的文化福利。北京和首尔的历史文化遗产除了留下宫殿等实体建筑外，形成的皇（王）城文化也深深地刻在首都民众的心里，变为他们的文化基因。如果详细研究这些文化机构和设施的分布情况，两国还是有一些细微差别：韩国的文化布局以首都为核心，以首都圈为内核，向全国扩散；我国的则是以首都为中心，若干城市，如上海等为次中心，点状分布开来。两种形式，哪一个更好些，还有待于时间的检验。

第三，首都文化强大的辐射能力。文化生成、发展，必然要扩散开来，首都作为文化中心，既有融会贯通，聚沙成塔的汇集能力，更有传播弘扬，辐射周边乃至世界，兼容并包的多元文化吸收与更新能力。据统计，来北京旅游观光的外国人，从改革开放初期1978年的15.4万人次增长到2019年320.7万人次，其中，2019年来华人数最多的前三位国家是美国、日本和韩国，分别达到62.9万人次、24.7万人次和24.2万人次。迄今为止，外国人来北京旅游人数的峰值区间出现在2007年至2011年，[①]这期间，北京和上海分别举办了奥运会和世博会。首尔也是许多外国人到韩国旅游的第一目的地，据

---

① 北京统计年鉴2020：《按客源地分入境游客人数（1978—2019）》，北京市统计局，http://nj.tjj.beijing.gov.cn/nj/main/2020 - tjnj/zk/indexch.htm。

韩联社报道,明洞、N 首尔塔、四大古宫是首尔最受外国人欢迎景点的前三名。[①] 为了更好地推广韩国文化,首尔提供各种便利措施和政策,如首尔的各种网站累计提供 100 多种语言服务,几乎覆盖全球所有国家;公开招募在首尔的外国人为留学生义工和国际导师团,聘任国际实习生,召开首尔品牌国际论坛等,这些做法进一步巩固了首尔文化中心的地位。

三、教育功能

《汉书·儒林传》中说:"故教化之行也,建首善自京师始。"首都被称为"首善之区",一方面是说首都城市是最好的地方,另一方面的意思是首都的教化是国家的典范。实际上,首都不仅是全国在道德品质和社会风气上的教化标准,很多时候也是全国的教育中心。英国著名的牛津大学和剑桥大学都在伦敦附近,古代中国的太学、国子监,韩国的国学、成均馆都在首都之中,并随之迁移。有些西方国家却并非如此,华盛顿有一些著名的教育和学术机构,如乔治敦大学等,但美国排名靠前的哈佛大学、斯坦福大学、麻省理工学院等则分散在全国各地。从世界发展史来看,经历过中央集权过程的君主制国家都有将优势资源集中在首都的传统,既方便自己统治的需要,也能够比较好地实施控制,而美国、澳大利亚、加拿大这样的前殖民地和移民国家则多有分权传统,首都多为单一的政治功能中心,经济、文化、教育等没有集中起来。

对于首都的教育功能而言,中韩情况非常类似,两国的教育管理部门和最高科研机构都在首都,中华人民共和国教育部位于北京市内,大韩民国教

---

① 首尔特别市政府:《首尔最受外国人欢迎景点》,韩联社,https://cn. yna. co. kr/view/GYH20180413000900881?section = search.

育部和文体部一样,已经随其他行政部会搬迁到行政中心城市世宗特别自治市。北京拥有中国科学院、中国工程院、中国社会科学院等国家级研究机构,首尔也有着韩国科学技术研究院等科研力量。高等院校方面,代表中国顶级水平的 36 所 A 类"一流大学",总部位于北京的有 8 所,占到总数的22.2% ,超过五分之一,95 所"一流学科"建设高校,26 所在北京办学,占总数的 27.4% ,[①]"双一流"建设居全国领先水平。韩国公认最好的三所大学,首尔大学、高丽大学和延世大学,并称为韩国大学的"一片天"[②],发源于首尔,且总部也都在首尔。据韩国教育部 2005 年统计,首尔市高校的全国占比为 16.9% ,学生总数占全国的 23% ,如果以首都圈地区来计算,这两个数据分别为 57.2% 和 45.2% ,集中率高,说明全国近六成高校和几乎一半的学生都在首都圈内。[③] 除高等教育和科学技术研究外,北京与首尔的初等、中等、职业和特殊教育在全国也处于领先水平。

虽然中韩两国首都聚集了优秀的教育资源,但同样也带来了负担和矛盾。比如,众多的大学生进入首都求学,他们有学习和生活的需求,对城市的物资供应提出了更高的要求。首尔在这方面做了一些探索和尝试,如将一部分管理机构迁移到首都之外,以首都圈为范围发展教育,协同协作,设立大学的分校,与其他城市分享优势教育资源等。首尔大学水原校区就在首都圈内京畿道的水原市,高丽大学世宗分校区在世宗特别自治市,延世大学原州校区位于韩国江原道原州市,国际校区位于首都圈内仁川广域市的松岛。这样的做法是非常明智的,做到了资源共享,学校自身也能可持续发展。前几年,我国的一些非在京高校,因为某些历史和发展的原因,千方百

---

① 中华人民共和国教育部官方网站:http://www.moe.gov.cn/.
② 首尔大学、高丽大学和延世大学的英文首字母写在一起就是 SKY,正好是英语中"天空"的意思。
③ 대한민국 교육부:https://www.moe.go.kr/.

计要"进京",有一些则打着设立"北京校区"的旗号,暗度陈仓,实现进入北京的目的。这些行为加剧了首都地区人与自然之间的矛盾,也不符合社会发展的客观规律。好在近些年来,中央和北京的有关部门已经注意到这一问题,在城市未来规划中明确禁止北京地区新增和搬迁大学,严格执行"只出不进"的政策。[①]

第三节　中韩首都城市类型定位

本书的第二章通过对美国、英国、法国、日本、巴西和南非 6 个国家首都与首都圈情况的空间横向考察和对比,提出了"什么样的城市能成为首都?"这样一个问题,构建了一个假设,即由城市成为首都遵循着"自然因素—政治功能—功能聚集—地位强化"的基本路线,经过分析,得出了关于首都功能发展的一个结论:"政治功能(核心功能)—衍生功能(核心与非核心)"。然后,将中韩两国首都按照时间的纵向顺序进行梳理,通过分析和比较,进一步印证了假设和结论。近年来,北京和首尔出现的城市病不仅影响了首都的发展,甚至对城市本身的建设也造成了阻碍,要解决这一问题,就需要对首都城市的功能正确定位。

一、多功能与衍生功能聚集型首都

依据首都城市的功能进行分类,一般可以划分为两个大类:单一功能型

---

① 《关于北京市 2019 年国民经济和社会发展计划执行情况与 2020 年国民经济和社会发展计划的报告》,北京市发展和改革委员会,http://fgw.beijing.gov.cn/fgwzwgk/ghjh/gzjh/ndjh/202004/t20200420_1859387.htm.

首都和多功能型首都。这两类在本书的第一章和第二章中已经有所论及，在进行首都城市比较时，案例中的华盛顿就属于单一功能型首都。从规范的定义来说，单一功能型首都就是一个国家的政治首都，也就是全国的政治功能中心。一般而言，单一功能型首都是专门作为政府驻地而创建的城市，[①]中央政府在该城市办公，政令由此传达到全国各地。单一功能型首都在世界历史中出现的时间比较晚，首都属于这一类型的国家也基本上是在近现代才独立建国，而且以联邦制国家居多，如美国、加拿大、澳大利亚、巴基斯坦等。

相较于单一功能型首都，中韩的首都属于多功能型首都城市，这类首都的典型特点是集中了多项全国性功能中心的职能，除了政治中心之外，还会是安全中心、国际交往中心、文化中心、创新中心等。中央政府、国家银行、金融监管、文化管理等机构都在首都，优质大学和研究机构也集中在这里。当今世界上大部分国家的首都属于这一类型，特别是拥有悠久民族历史的国家，它们中的大多数都是中央集权制国家，属于单一制的国家结构形式。多功能型首都城市集中了全国的优势资源，是一国之中的城市之首，国家的重大活动和典礼也都会在这里举行，如国庆阅兵、总统就职、节日庆典、体育赛事等。

北京与首尔分别在 2008 年和 1988 年举办奥运会就是上述特点的一种体现，这也印证了前文论述的观点：北京与首尔都是多功能型首都。中韩两国多功能型首都的形成主要有三点原因：第一，历史的惯性。北京和首尔都有长期的建都史，作为两座长达六七百年历史的首都城市，积累了深厚的政治、经济和文化资源，在中韩民众的潜意识中，北京和首尔就是首都的代名词。第二，功能中心齐全。北京和首尔的首要功能都是政治中心，从政治传

---

① 彭兴业：《首都城市功能研究》，北京大学出版社，2000 年，第 33 页。

统来看,两国都属于单一制国家,首都易于从强大的行政资源中获益,形成功能聚集效应,顺理成章地成为全国的经济、文化、教育中心,并长期保持和强化这一优势地位。第三,具有发展潜力。北京和首尔丰富的自然和社会资源使其充满了无限可能,悠久的历史并没有抹杀城市的活力,大量人口涌入首都正说明了这里朝气蓬勃,到处都有新的机会,对每个人来说都是潜力无限的。

　　基于以上原因,北京和首尔不太可能成为华盛顿式的单一型功能首都,而且今后也将仍然是多功能型首都。但是考虑到一个城市的承载力是有限的,北京和首尔近年来都饱受城市病的困扰,维持全能型首都,将全国最好的资源都集中到首都,这种功能定位和发展模式被证明是行不通的,也是不可持续的。北京和首尔现在出现的问题,主要是因为它们是衍生功能聚集型首都,这一类型的首都是从政治中心开始,逐渐发展成为其他方面的全国性功能中心。如果说多功能型首都是对首都城市状态的静态描述,那功能聚集型首都就是对首都城市状态的动态描述。功能聚集是可计划、可控制、可调整的,面对城市病,北京和首尔已经对自身的功能作出了清晰的定位。

二、首都城市的功能定位

　　毛泽东在《矛盾论》中谈道:"事物的矛盾法则,即对立统一的法则,是唯物辩证法的最根本法则。"[①]21世纪以来,北京和首尔的城市发展都进入一个瓶颈期,主要是人与自然、社会之间的矛盾,发展需求与可用资源的矛盾,现世发展与未来发展的矛盾。不过"矛盾的主要和非主要的方面相互转化

---

① 《毛泽东选集》(第一卷),人民出版社,1991年,第299页。

着"①,城市病给北京和首尔的发展带来了问题,却也告诉人们,国家的首都需要什么样的功能定位才能令一个城市可持续发展。

（一）北京的功能定位

由北京市规划和国土资源管理委员会制定,北京市人民政府正式公开发布的《北京城市总体规划(2016 年—2035 年)》(以下简称《规划》)对首都北京的功能定位和发展计划作出了明确说明。该规划总共分为 12 个部分,除去序言、附表、附图,正文部分由"总则"和 8 章组成,主要包括首都功能定位、发展目标和空间布局、非首都功能疏解、城市可持续发展、文化建设、城市治理体系和治理能力现代化、城乡统筹发展、首都圈建设、制度与实施保障,涵盖了对首都北京未来规划的方方面面。对于北京的首都功能定位,《规划》指出:"北京城市战略定位是全国政治中心、文化中心、国际交往中心、科技创新中心。"②这是对北京的首都功能,也就是核心功能作出了明确定位,保留北京的政治功能(中心)、文化功能(中心)、国际交往功能(中心)、科技创新功能(中心),对于其他的非首都功能,要按计划和部署,逐步疏解。

政治功能方面。北京是全国的政治中心,首都要全力保障国家中央机关的日常运作,并提供高效且优质的服务,维护首都的安全环境和社会稳定,使政令畅通,公务活动能够正常开展。《规划》对于政治中心的规定隐含了北京也是全国安全(国防)中心的意思,实际上等于将安全中心合并到了政治中心之中。

在文化功能方面。北京的文化资源非常丰富,要充分利用这些资源,发挥优势和特色,将传统文化与现代文明有机结合起来。做好中华优秀传统

---

① 《毛泽东选集》(第一卷),人民出版社,1991 年,第 323 页。

② 北京市规划和国土资源管理委员会:《北京城市总体规划(2016 年—2035 年)》,北京市人民政府,http://www.beijing.gov.cn/gongkai/guihua/wngh/cqgh/201907/t20190701_100008.html.

文化的继承和弘扬工作,特别是在老旧城区保护、改造、创新方面,利用好皇城文化、胡同文化、名人文化和涵盖首都圈的燕赵文化。建设"双一流"大学和世界知名的科研院所,培养高素质人才,打造中华文化的靓丽名片,提升中国的文化软实力。从这一目标可以看出,文化中心的目标实际上包括了要把北京建成教育中心的意思,这里的"文化"应当是广义的文化,①称之为"文教中心"可能更合适些。

在国际交往功能方面。首都城市是国际关系的重要载体和实施工具,北京定位为国际交往中心有着天然的优势。首先,中国官方的国际政治机构都在北京,如中央外事工作委员会、全国人民代表大会外事委员会、中国人民政治协商会议全国委员会外事委员会、外交部等。其次,北京拥有大量的外事人才,为数众多的外国人也居住在这里,这为国际关系活动提供了重要的软件支持。最后,北京的国际经济和国际文化交往非常活跃,为中国的改革开放和国际合作搭建了舞台,创造了机会。例如,2019 年,北京不断扩大对外开放,夯实首都城市国际交往中心功能。政府在全球范围内征集新国展后期设计方案,编制雁栖湖国际会议之都规划,开工建设国家会议中心二期,完成亚投行总部项目,扩大金融等服务业开放试点,引进宝马、环球金融、大和证券、墨盛资产等世界知名企业,落实"一带一路"倡议,提升京交会层级,做好中国国际服务贸易交易会的各项工作,扩大出口和利用外资规模,为北京市企业参与国际经济和贸易合作牵线搭桥。②

在科技创新功能方面。北京的工作重点是打造科技创新的良好生态环

---

① 狭义的文化指运用文字的能力及一般知识,广义的文化是指人类在社会历史发展过程中所创造的物质财富和精神财富的总和,特指精神财富,如文学、艺术、教育、科学等。详见中国社会科学院语言研究所词典编辑室:《现代汉语词典》,商务印书馆,2016 年,第 1371 ~ 1372 页。

② 《关于北京市 2019 年国民经济和社会发展计划执行情况与 2020 年国民经济和社会发展计划的报告》,北京市发展和改革委员会,http://fgw. beijing. gov. cn/fgwzwgk/ghjh/gzjh/ndjh/202004/t20200420_1859387. htm.

境,加快高科技产业的培育与发展。政府制定并发布了管理和奖励规定,赋予基层单位更多的财政权、用人权和自主权,推动与人工智能产业相关的国家重大科技创新平台建设。北京还率先使用拥有自主知识产权的现代科技产品,特别是实施了 5G 产业扶持方案,在市区五环内实现了 5G 基站的全覆盖。

（二）首尔的功能定位

2014 年 2 月,首尔特别市政府发布了名为 *City Planning of Seoul*（以下简称"*Planning*"）的城市规划方略说明,文件分为"简介""总体规划""主要项目"三大部分,主要内容有地理位置、与世界著名城市的比较、基本情况、转变与进步、规划体系、国土开发、政策法规、城市功能分区、产业集群、文化复兴、基础设施建设等多个方面。"*Planning*"中指出,首尔是韩国的首都,在东亚地区处于重要位置,连接着中国和日本,这里有着亚洲最多的消费人群和最大的消费市场。对于首尔地理位置的简单介绍,实际上确定了首尔在韩国的三大功能中心地位:政治中心（"首都"）、经济中心（"消费""市场"）和国际交往中心（"中国""日本"）。"*Planning*"中进一步明确提出,要把首尔建成"引领东北亚经济的世界城市""具有首尔意识的文化城市""大自然复兴的首尔生态城市""我们共同生活的福利城市"。[①] 对比北京的首都功能定位,首尔除了定位为政治（安全）中心、文化中心、国际交往中心和经济中心,还强调了首都的生态功能和福利功能。

在政治（安全）功能方面。首尔仍是韩国的首都,拥有政治中心的地位,在确保这一点的前提下,将部分行政机关迁移到世宗市,分担首都的行政压力。坚定维护首都的安全,防范任何外来侵扰和恐怖主义等突发事件。

---

① *City Planning of Seoul*,首尔特别市,http://chinese.seoul.go.kr/wp – content/uploads/2014/02/04_City_Planning_of_Seoul1.pptx.

2020年底以来,新型冠状病毒肺炎在韩国暴发,流行性疾病对首都安全构成威胁。截至2021年2月3日0点,首尔市确定诊断者为24583人,韩国政府采取了诸如保持社交距离、禁止5人以上私人聚会等一系列措施[①]来防止疫情进一步扩散,确保首都安全。

在文化(教育)中心方面。首尔及其首都圈地区集中了韩国主要的文化和教育资源,包括名胜古迹、文创基地、高等院校、科研院所等。景福宫、昌德宫、益善洞、奉恩寺、汉阳都城、首尔大学等不仅为首尔的文化(教育)功能提供了硬件设施,还提升了首都地区的文化品位和教育水平。同北京一样,首尔也强调利用这些有利资源,打造以CBD为核心的文创空间,重点关注生态文化、公共文化艺术、现代文化艺术和国际文化艺术。

在国际交往中心方面。韩国重要的外事机构、外国使领馆、国际组织也都集中在首尔,这是国际政治交往的重要体现。在国际经济交往上,首尔特别市政府会定期发布 *Foreign direct Investment A Notebook on the Labor Rights of Foreign Workers* 等指导国际投资、国际商贸和国际劳务方面的指导文件,促进首尔与国外的经济合作。首尔作为国际性城市,在国际文化交流上也做了很多工作。政府针对英国、中国、日本、俄罗斯、柬埔寨、蒙古、泰国、越南、菲律宾等国家的民众,制定的 *The Hanultari Living Guide* 就有十多个版本。首尔的梨泰院居住着众多的外国人,据统计,这里是首都地区"唯一一个外国人比韩国人还要多的地方"[②],就像是一个展示异域风情和各国文化的博物馆。

在经济中心方面。与北京不同,首尔的首都功能中有经济中心这一项。经过多年的积累和发展,首尔在韩国经济中的领头羊地位不可替代,其他城

---

① *Cities Against COVID - 19*, Seoul Metropolitan Government, http://english. seoul. go. kr/covid/.

② [韩]朴元淳:《首尔经典一百选》,首尔特别市观光体育局旅游项目部,2016年,第31页。

市也很难担当这一职责。首尔有着完备的产业体系,特别是高新服务产业和科技产业,因此首尔的经济中心实际也有科技创新中心的功能。首尔聚集着强大的产业集群:首尔市中心是国际金融和传统工业数字化基地;麻谷和上岩有高科技产业、媒体和环保产业;九老和金泉有信息技术和制造业;江南和文井是贸易和高科技产业。首尔逐步形成了市中心的文创产业区、东北的环保智能电子研究区、西北的国际级机械和电子集群、西南的高精尖产业融合基地、东南的生长型国际经济业务园区。韩国政府还以首都圈经济的可持续和协同发展为目标,构建了以首尔为中心4个方向的首都圈工业带:洪陵—议政府轴心的科技创新经济;金浦/松岛—永宗岛轴心的国际商业;富川/安养轴心的咨询服务业、科技产业和制造业经济;盆唐—板桥—龙仁轴心的软件业和信息服务业。①

---

① 서울시정개발연구원,『2020 년 서울도시기본계획』, 서울특별시, 2006 년 4 월, 356 쪽.

第四章 北京与首尔的非首都功能疏解

通过研究分析和对中韩两国政策文件的解读，北京与首尔的首都功能定位已经十分清晰和明确。在比较中可以发现，同为首都，在功能定位上，两座城市既有相同的地方，也存在一些差异。相较于政治中心、文化中心、国际交往中心等功能定位的同一性，经济中心等定位的差异性更能说明北京与首尔的特殊性，也更能理解两座首都城市未来发展的谋划与实践。毛泽东说："每一种社会形式和思想形式，都有它的特殊的矛盾和特殊的本质。"[1]北京与首尔的功能定位都有各自的特色，这是矛盾的特殊性所决定的，"矛盾的特殊性是事物区别于其他事物的本质，只有认识矛盾的特殊性，才能确定某一事物的特性，发现事物运动的规律和原因，找到解决问题的途径"[2]。从中韩两国的首都功能定位出发，北京与首尔针对非首都功能的疏解方案也都体现出矛盾的特殊性，这种特殊性具体表现在战略思路、发展计划、疏解策略和实际操作上。

---

① 《毛泽东选集》(第一卷)，人民出版社，1991年，第309页。
② 闻竞：《运用〈矛盾论〉解读新时代中国特色大国外交》，《新疆社科论坛》，2019年第5期。

第一节　基于功能疏解的首都发展战略

北京与首尔对非首都功能的疏解有三点是一致的:首先,首都城市功能疏解与未来发展都有顶层设计,不仅是北京和首尔地方行政当局,很多规划是中央政府层面组织、发布并负责后期执行的;其次,首都功能定位要严格执行,定位之外的功能不能在发展规划和日后的建设之中出现,这是一条底线,否则,首都的可持续发展无从谈起;最后,功能疏解为首都的发展服务,首都的发展又是基于功能疏解这个基础和目标。作者查阅北京与首尔有记载以来的城市发展主要规划,用年代划分时间,比较两座首都在规划方案、功能定位和非首都功能疏解三个方面的异同,如表 7 所示:

表 7　北京与首尔历年规划方案、功能定位和非首都功能疏解

时间	首都城市	规划方案	功能定位	非首都功能疏解
20 世纪 50 年代	北京	《改建与扩建北京市规划草案的要点》/《北京城市建设总体规划初步方案》/《北京市总体说明》	全能型中心	"子母城"模式,控制市区,发展远郊区的工业
	首尔	——	——	——
20 世纪 60 年代	北京			
	首尔	《首尔城市化规划》/《首尔市中心的管理政策和变更》/《首尔的城市重建政策》	全能型中心,但要控制总人口	立法、行政、司法部门分散,避免国家权力机构过于集中
20 世纪 70 年代	北京	《关于北京城市建设总体规划中几个问题的请示报告》	政治、经济、文化、工业、科技中心	建设远郊新城,市区工厂技术革新
	首尔	《改善首尔的景观管理政策》/《开发禁区的作用和重新开放区的管理》/《江南的发展》	政治、文化、教育、安全、经济、国际交往等中心	分区管理,设立"绿化带",人口、工业疏解,果川等新城建设

续表

时间	首都城市	规划方案	功能定位	非首都功能疏解
20世纪80年代	北京	《北京城市建设总体规划方案》	政治、文化、国际交往中心	不再重点发展重工业，现有污染大的企业要逐步迁出
	首尔	《首尔的可持续城市化规划与土地调整》/《首都圈重组基本规划》	政治、文化、教育、安全、经济、国际交往等中心	分区管理，盆唐、坪村等新城建设，疏解人口
20世纪90年代	北京	《北京城市总体规划（1991—2010）》	政治、文化、国际交往中心	控制城区人口，合理利用土地，有序疏导城市发展
	首尔	《首尔城市规划系统》/《第二次首都圈重组规划》	政治、文化、教育、安全、经济、国际交往等中心	分区管理，污染企业强制迁出，国家机关部分迁出
21世纪00年代	北京	《北京城市总体规划（2004—2020）》	首都、国际城市、文化名城、宜居城市	保护自然资源和生态环境，控制人口增长，工业企业有序迁出
	首尔	《首尔行政区的变更与城市空间的发展》/《首尔新城项目》/《2020年首尔计划》	政治、文化、教育、安全、经济、国际交往等中心	分区管理，建设世宗市，疏解部分行政功能，稳定城市人口
21世纪10年代	北京	《京津冀协同发展规划纲要》/《北京城市总体规划（2016年—2035年）》	政治、文化、国际交往、科技创新中心	非首都功能迁出，建设城市副中心、雄安新区、京津冀协同发展
	首尔	《2030年首尔计划》/《首尔的城市更新模型》	政治、文化、教育、安全、经济、国际交往等中心	分区管理，限制污染性大的工业，分散人口，产业均衡布局，建设新城

（资料来源：北京市人民政府、北京市规划和国土资源管理委员会、北京市社会科学院；首尔特别市政府、首尔研究所、首尔城市解决方案局、国家均衡发展委员会）

　　中韩两国在首都发展规划制定过程中体现出一定的差异。北京的规划是在民主集中的基础上，通过咨询专家学者、人民群众和各界代表的意见，最终由相关机构制定出具体的方案和计划提交国家权力机关审议后颁布。韩国则是在西方政府治理理论下，倡导资产阶级的自由民主和民意，通过大范围的征集民众意见，由相关专家和政府机关制定出具体计划，然后提交审议机构审查，通过后以法律法规的形式颁布。两国规划产生的过程不同，究其根本还是两国的社会制度不同,我国是中国共产党领导下的社会主义国家,民主集中制是人民民主的主要实现方式,是有效率的民主,而韩国是资产阶级领导下的资本主义国家,资产阶级的民主保障了民主的形式,却是充满了党派斗争和阶级差异的,而且效率低下。不过,首尔发展规划的制定过程仍有其重要的借鉴价值。邓小平说:"关起门来,固步自封,夜郎自大,是发达不起来的。"①习近平也说:"文明因多样而交流,因交流而互鉴,因互鉴而发展。"②对于任何方案的制定要以民众的需求为导向,扩大建议的征集面,落实民主集中制,首都北京的发展战略和功能疏解就一定能够成功地制定并实施。

中韩两国也有着相似的一些方面。比如,北京和首尔在20世纪50至70年代的规划并没有明确的非首都功能疏解的意图,但已经认识到首都不能无限制聚集功能和疯狂扩张,特别是工业对城市的污染,大量人口聚集引发的公共设施与服务匮乏等问题给首都的可持续发展带来了巨大的挑战。从20世纪80年代开始,至21世纪初,中韩两国开始有针对性地疏解非首都功能,中国的主要做法是强化功能和明确重点,韩国则是依法规划和分区管理,两国政府也都会定期发布首都的中长期建设目标。

一、总体战略思路

北京与首尔非首都功能疏解的总体战略思路都是随着时代而发展的。恩格斯在《反杜林论》中说:"没有任何东西是不动的和不变的,而是一切都在运动、变化、产生和消失。"③对于首都城市而言,什么功能应该被疏解,如

---

① 《邓小平文选》(第二卷),人民出版社,1994年,第132页。
② 《习近平谈治国理政》(第三卷),外文出版社,2020年,第468页。
③ 《马克思恩格斯全集》(第20卷),人民出版社,1998年,第23页。

何疏解,需要与时俱进,根据实际情况作出变动。

(一)北京:强化功能和明确重点

北京的非首都功能疏解大致在20世纪80年代(见表7)开始,主要是疏解污染严重的重工业企业,发展远郊区。北京的发展不仅仅关系到首都城市,也牵动着中国北方乃至全国的整体布局,中央政府一直都很重视。正如在1952年12月召开的北京市第三届各界人民代表大会上,时任北京市市长彭真所说:"该草案(梁思成、陈占祥提出的《北京城市总体规划方案》)在这里只是征求各位代表的意见,市里不能作结论,因为首都的计划关系全国,最后要由中央决定。"①2014年2月,习近平在考察北京市各项工作时提出要疏解北京非首都功能后,中央从顶层设计出发,制定了北京城市副中心建设、雄安新区规划和京津冀协同发展等一系列重大战略。

这些战略的总体思路是强化首都功能,明确功能疏解的重点。疏解非首都功能的前提是保留和完善首都功能,就是要强化北京作为政治、文化、国际交往和科技创新四个中心的功能定位。在政治中心方面,北京在适度疏解部分行政机关的同时,要积极为国际组织在北京设立办事机构创造条件,举办有重要影响的国际关系活动。在文化中心方面,北京应该汇聚一批顶级的文化大师、文化作品、文化场所,让中华文化在国际舞台上大放异彩。② 在国际交往中心方面,扩大首都的国际影响力和吸引力,延揽重大国际交流活动在北京主办。在科技创新中心方面,鼓励和支持个人和机构的创新活动,投资一批国家级的重大创新项目。

强化首都功能定位是为了更好地明确非首都功能疏解的重点,主要涉及时间、过程、主体、空间和结构五大部分。在时间上,非首都功能疏解是一

---

① 申予荣:《1953年〈改建与扩建北京市规划草案要点〉编制始末》,《北京规划建设》,2002年第3期。

② 闻竞:《中华文化如何在国际舞台重放光彩》,《人民论坛》,2019年第23期。

个长期的过程,要做好时间安排,分期实施。首尔从20世纪60年代开始就已经谋划解决人口聚集的问题,通过适度分散行政机关来合理规划首都功能。北京要完成非首都功能疏解也注定是一个长期的过程。在过程上,北京应当将非首都功能疏解与城市病治理、城市副中心建设、京津冀协同发展等结合起来,全盘考虑,整体谋划。在主体上,坚持政府为主,企业、团体、个人等多元主体参与。在空间上,优化北京空间布局,逐步疏解非首都功能,形成良好的、层次性的非首都功能分布。在结构上,多种手段结合的疏解方式,倡导行政、市场、法规等综合型措施组合,对不同类型的迁移主体采取不同的方式,对症下药,有的放矢。

(二)首尔:依法规划和分区管理

首尔的非首都功能疏解总体战略也是随着时代的变更而有所变化的。相对于北京,首尔的城市问题随着工业化的发展出现得比较早,加上首尔处于盆地之中,空间对城市的发展形成一定的约束,城市病也更加突出。依法规划和分区管理是首尔非首都功能疏解总体战略思路的显著特点。大约以10年时间为间隔,政府会制定详细的城市发展计划,并配套出台一揽子法律法规。仅从20世纪末到21世纪头20年,韩国就出台了关于首都发展的计划3部,相关法律法规制定或修改共52部(次),其中,仅《首尔市区重新规划计划法的执行令》,从1996年至2018年20多年的时间里,就以总统令的形式被颁布了15次。① 从这一点来看,韩国特别重视用法律法规的方式规范首尔的非首都功能疏解,行为方式和手段具有计划性、规范性和制度性,政策也有很大的延续性。北京在今后的规划和实践中,可以借鉴这一做法,加强首都发展计划和执行的法制化规范。

除依法规划外,首尔还采取了分区管理的方式来疏解非首都功能。总

---

① 国家법령정보센터:https://www.law.go.kr/.

体上,首尔的疏解方法是疏解工业职能、提供住房和发展新型行政城市,[①]为此,从 20 世纪 70 年代开始,韩国政府划定了围绕首都的"绿带"(Green Belt),在此区域内限制发展,以绿带为中心,将整个国家作为疏解非首都功能的迁入备选区。依据功能分区为金融服务中心、南北交流产业带、田园休闲带、数码电子组团、海运物流产业带、零部件制造组团、国际物流高科技产业带、展览会场带、行政中心综合城市等几大区域。从开发管理上看,分为过密控制区、发展管理区和自然保护区。从环境保护上看,又可以分为沿岸管理区、汉江水岸区、绿地区和绿地节点。总体而言,首尔对功能疏解与功能迁入作出了非常详细的规划,在具体政策的执行过程中,会定期根据实际情况进行调整。这种分区管理的模式对于北京而言也是很有借鉴意义的,特别是在京津冀协同发展的规划上,应当做到分区管理,具体问题具体分析。

二、未来发展计划

在总体战略思路的指导下,中韩两国都制定了首都的未来发展计划,其中最重要的部分就是首都功能定位和非首都功能疏解。中国制定的《北京城市总体规划(2016 年—2035 年)》与中国共产党第十九次全国代表大会提出的建成社会主义现代化国家"两步走"战略安排基本一致,强调和突出了中国共产党对我国社会主义事业的领导。韩国制定的《2030 年首尔计划》延续了十年一计划的政策传统,保持了首都规划的稳定性和延续性,确保首尔的建设不因政府更迭和人事变动发生大的改变。

---

① ［韩］金秀显:《城市功能疏解——首尔都市圈案例》,第二届大城市智库联盟大会(北京)论坛,2016 年 10 月 15 日。

中韩首都功能定位与首都圈建设比较研究

（一）《北京城市总体规划（2016年—2035年）》

对于北京的未来发展，《规划》主要分为四个部分来论述：建设目标、2020年发展目标、2035年发展目标和2050年发展目标。第一部分是"纲"，是总体规划，后面三部分是"目"，是分时间段的具体规划。《规划》体现出北京发展总体战略思路的特点，即强化功能和明确重点。

第一，建设目标。北京未来发展的目标是建成国际一流的和谐宜居之都。首都建设与"两个一百年"和中国梦的目标相适应，落实政治、文化、国际交往、科技创新的四个中心功能定位，履行为中央党政军领导机关、国际交往、国家科教文卫事业、市民的工作和生活的四个服务职能。把北京建成具有中国特色社会主义，在政治、文化、国际交往、科技创新等方面具有重要影响力的国际一流城市。充分发挥首都功能的辐射作用，带动天津、河北等环首都地区的发展，打造世界级的城市群。

第二，2020年发展目标。初步完成第一点提出的建设目标，首都地区全面建成小康社会，非首都功能得到疏解，城市病治理取得初步成效，京津冀协同发展互利共赢的局面基本形成。在政治和国际交往上，北京的硬件和软件设施水平进一步提升，科技创新具有一定的国际影响力，国家文化中心地位巩固，北京市民整体素质得到提高，城市文明健康向上。公共服务体系和基础设施建设更加健全，人民生活质量和幸福感提升。生态环境总体上有很大改善，绿色生活深入人心。

第三，2035年发展目标。基本完成第一点提出的建设目标，北京的首都功能进一步优化升级，城市病治理效果良好，城市综合实力位居世界前列，世界级北京城市群基本建成，京津冀协同发展取得阶段性显著成效。首都政治和国际交往能力显著增强，创新能力实现质的飞跃，成为世界重要的创新中心和引擎。实现文化自信，城市文明丰富、开放、包容、多元。首都的总体生态环境进一步改善，成为山水绕城，绿色满城的可持续发展城市。

第四,2050 年发展目标。全面完成第一点提出的建设目标,实现社会主义社会发展的五位一体蓝图,建成中国特色社会主义强大国家的首都,具有全球重大影响力。北京成为世界上著名的政治和国际交往中心,国际影响力处于第一梯队。科技创新实力突出,拥有众多科研机构,实现多项科技自主创新突破。中华文化全面登上世界舞台,处于中心地位,与其他文明和谐共处并引领世界和时代的潮流。人民生活非常幸福,社会和谐发展,绿水青山、活力四射的首都生态文明圈发展成熟。全面实现首都北京治理体系和治理能力的现代化。①

(二)《2030 年首尔计划》

首尔规划与北京一样,具有前瞻性和导向性,同时,《2030 年首尔计划》也凸显了首尔发展总体战略思路的特点,即依法规划和分区管理。整个计划和一揽子法律法规共同构成首尔发展的规划系统,其中既有《国土规划及利用法》等中央层面的法律,也有《首尔都市圈再规划计划法》等针对地方的法规。韩国还将首都的城市病治理和功能疏解置于全国经济和社会发展的整体统筹之中,首尔的 2030 年计划属于广域城市规划的范畴,广域城市规划又属于国土综合规划的范畴,整体中有局部,局部融入整体。

《2030 年首尔计划》实际为 2010 年至 2030 年之间的发展规划,时间为 20 年,空间范围为首尔特别市行政区域之内,计划主要包含 5 个方面的内容:第一,中长期规划目标与需要实现的项目;第二,针对第一点中提出的目标和项目,细化其中的问题;第三,按照分区管理的原则,对不同区域的空间规划和土地开发提出可行的办法;第四,对不同区域制定的计划要照顾到生活需要,满足市民的生活,实现首都城市的基本功能;第五,制定满足计划实

---

① 北京市规划和国土资源管理委员会:《北京城市总体规划(2016 年—2035 年)》,北京市人民政府,http://www.beijing.gov.cn/gongkai/guihua/wngh/cqgh/201907/t20190701_100008.html.

施的监控体系和人力、物力、财力等后勤供给的管理体制。整个计划在实现这5方面内容的设计框架下,作出了一项突破现有城市计划制定的重大变革,那就是邀请市民通过问卷调查、听证会、研讨会等形式参与到《2030年首尔计划》的制定之中,实现了首尔未来的发展计划与民众的愿景相融合。

在市民的参与下,首尔选定了7个方面的规划主题,涉及城市开发、教育、福利、历史文化、气候与环境保护、交流、就业。7个主题与5个内容一起,最终融入规划方案之中形成了计划的目标。第一,平等和谐的友好型城市。首尔要成为不同性别、年龄、社会地位,甚至种族都能和谐相处的城市,营造相互关爱、合作与分享的氛围,大家都可以在首尔实现自己的理想,保障自己的人身安全。第二,充满就业机会的活力型城市。首尔要给每一个人创造机会,民众能够找到适合自己的工作,城市的产业结构合理,大家一起共建繁荣的都市。第三,历史文化资源丰富的快乐型城市。对首尔地区的山水文化、古建筑文化、创意文化进行适度管理和引导,为民众创建一批文化设施,让历史文化走进普通百姓的生活,设定指标管理,为实现文化战略目标而努力。第四,生态良好、环境安全的安心型城市。倡导绿色环保和低碳生活,加强首都地区的安全保障,减少突发重大公共危机事件的发生,积极引导市民参与到城市管理之中,将自己作为城市主体。第五,居者有其屋,出行便利的协作型城市。确保民众在首尔的居住和出行问题得到解决,以此作为他们提高生活质量的切入口,完善指标设置工作,并努力实现阶段性目标,提升民众的满意度。①

---

① Kim In-hee, 2030 *Seoul Plan*, Seoul Solution, https://seoulsolution.kr/en/node/3577.

第二节　非首都功能疏解策略

北京和首尔拟定的未来发展计划,立足各自城市的特点,从各个方面展望了今后 10 年至 20 年的规划。不同的是,北京的计划延续了政治、文化、国际交往、科技创新等传统的分类方法,总体论述后再从这几个方面来阐述愿景,然后详细论述需要完成的具体工作。首尔则是从生活入手,就市民关心的交通、就业、健康、环境、教育等问题制定相关规划,设定一系列可检验的指标和数据,预设分阶段的目标。

不论是中韩两国首都的总体战略思路,还是未来发展计划,都有一个相似之处,那就是针对非首都功能疏解都有详细论述,这些论述分散在各自的首都发展规划之中。国内张可云教授课题组①曾把非首都功能疏解策略分为机构外迁政策、规划控制政策、新城建设政策、"迁都"政策、交通政策 5 个主要方面,作者将中韩两国的首都发展规划和张可云教授的相关分类标准相结合,从科学的总体规划、合理的计划控制、适度的部门迁出、协同的新城建设、便捷的交通体系 5 个方面阐述北京与首尔非首都功能疏解的主要策略,提出一些建议和意见,并比较两座首都城市策略的异同点。

一、科学的总体规划

在非首都功能疏解的总体规划上,北京与首尔都做到了"科学"二字,既

---

① 张可云教授课题组的具体成果可参见其所著的《疏解北京非首都功能研究》(经济科学出版社 2019 年 10 月第 1 版)一书。

有目标、数据、节点,也有空间布局和结构安排。相较之下,北京的规划总体上落在了人口总量控制,首尔虽然也把人口作为控制目标,但近几年来首尔的人口已经呈现了连续下降的趋势,在功能疏解上,韩国得以把更多精力放在功能合理布局、行政功能疏解、民众生活需求、首都圈协作发展和具有国际竞争力都市的建设目标上,北京在今后的工作中或能从中获得一些镜鉴。

(一)北京:一核心、两轴线、多区域空间布局

北京在总共 8 章的《北京城市总体规划(2016 年—2035 年)》中,专门在题为"有序疏解非首都功能,优化提升首都功能"的第二章中规划了非首都功能的疏解。疏解策略的总体规划分为 7 个部分、23 条款、61 点措施,主要是 3 个大方向:首先,首都功能核心区要承担北京作为政治、文化、国际交往、科技创新中心的职能,做好"四个服务"工作,特别是为中央和国家机关优化布局提供条件,加强政务环境整治,控制高层建筑总量,增强安全意识,保护历史古迹,被占用的要腾退,回归文物的本来面貌。其次,完善北京城市中轴线和长安街中轴线"两轴"功能布局,合理划分城市功能分区,打造政治和文化中心的轴区,推动老城区复兴和人文景观建设,疏解区域性商品交易市场和大型医疗机构,优化和完善传统的商业街区,降低"两轴"区域内的人口密度,严控用地总量和结构。最后,改善北京的分区组团功能,以高标准建设北京城市副中心,适度控制副中心规模和人口,有序推动市级党政机关和行政事业单位迁入,实现城市副中心与河北省廊坊市下属的三河、大厂、香河三个县级地区的统筹发展,对顺义、大兴、亦庄、昌平、房山、门头沟、平谷、怀柔、密云、延庆地区分别规划,准备功能定位。

北京非首都功能疏解策略体现出"一核心、两轴线、多区域空间布局"的整体格局,中心区域承担最为重要的政治和文化功能,传统的城市中轴线和长安街中轴线及它们的延长线构成交叉十字结构,沿两轴线的空间分布着政治、安全(国防)、文化、国际交往、科技创新和生态功能区。西北部地区、

东北部地区和南部地区主要承担科技、文化、教育、生活等功能,三山五园地区是城市的生态涵养区,此外,城区内还有一些重要的功能节点,以点带面,连接起整个功能区。主城区之外的顺义、大兴、亦庄、昌平和房山5个新城则负责承接功能和疏解人口,门头沟区、平谷区、怀柔区、密云区、延庆区,以及昌平区和房山区的山区是首都北京的"氧吧"和"绿肺",在北京的环境保护和生态功能领域发挥着不可替代的作用。[①]

(二)首尔:五个生活圈

首尔的非首都功能疏解规划体现在空间结构和土地利用上。首先,在空间结构方面,在分区管理的传统政策基础上,实施3大政策,即改造中心城区、继续建设广域交通带和设置生态功能涵养带。其次,在土地利用上,做好利用和保护两项工作,即利用好城区现有土地并实施复合型开发。管理市区,特别是市中心和老城区的土地利用和开发,在空间的高度和广度上都要作出一定的限制,不能破坏整体和周边的风貌。

具体而言,改造中心城区要从原来的单一中心转向多元复合中心。首尔要由1个中心、5个副中心、11个区域性中心的城市结构转变为3个中心、7个广域中心、12个区域性中心的多元复合型结构。各个中心之间的功能相连,协同协作,共同发展。继续建设广域交通带主要是延长和扩张以首尔为中心的全国铁路网线,使之把各个区域中心连接起来,构成一个互联互通和共享的交通系统,完善中心和中心、中心和地区、地区和地区之间的空间结构,方便功能中心区与功能疏解区之间的联系。设置生态功能涵养带是保护首尔地区现有的山水、人文和历史资源,有效遏制因为首都负担过重的功能和密集人口带来的生态退化和环境破坏,构建首尔人与自然和谐相处

---

① 北京市规划和国土资源管理委员会:《北京城市总体规划(2016年—2035年)》,北京市人民政府,http://www.beijing.gov.cn/gongkai/guihua/wngh/cqgh/201907/t20190701_100008.html.

的生态结构。土地开发利用上要有前瞻性,对于非首都功能疏解腾退出来的土地要妥善利用,主要用于首都功能或是恢复为生态功能所需的公园和绿地等。土地保护与管理主要是限制非首都功能开发,严格按照制定的相关规划执行,加强首都辖区内江河沿岸和山区土地的公共管理。

首尔非首都功能疏解策略体现出"五个生活圈"的整体格局,整体上重在"生活",立足市民的需求,分为城中圈、西北圈、东北圈、西南圈和东南圈。城中圈主要突出首尔的历史文化特色,强化首都的文化和国际交往中心地位,严格控制工业、行政、商业等功能的新发展。西北圈以新村和弘益大学为中心,集中科技创新和文化创意产业,重点发展服务业,居住功能立足现有基础和社区,做好管理工作。东北圈主要承接产业发展和生活功能,积极创造就业机会,为地区注入活力。西南圈引领首都地区的新兴产业和既有产业的升级换代,为民众提供生活便利。东南圈主要是商务功能中心,定位为国际经济和商贸服务功能,对现有的居住功能也要进行规划和管理,以便促进其可持续发展。①

二、合理的计划控制

中韩两国通过法律、法规、规划和命令的方式来实现对首都发展规划和非首都功能疏解的计划控制,突出和强调了计划的权威性、规范性和长期性。我国也学习了韩国和其他西方国家在规划时对于具体项目的指标化,以便后期执行的时候具有可操作性。北京和首尔也都非常重视首都景观的一致性,不再单一追求高楼大厦,痴迷于建筑的高度,转而关注城市的"温度",特别是人与自然的和谐统一。不同之处在于,两国对于首都某些功能

---

① Kim In－hee, 2030 *Seoul Plan*, Seoul Solution, https://seoulsolution.kr/en/node/3577.

的保留和疏解存在不同的认知,如韩国对待科技创新功能的态度,①北京在一定程度上是可以参考的。此外,由于两国的领土面积不一样,韩国在疏解首都功能时基本是以首都圈为单位,一些功能早期就从首尔迁入首都圈的仁川、京畿等地,后期甚至分散到全国各地,而我国基本是以北京为单位,许多功能还是在北京的行政管辖区内疏解,21世纪前后才开始以京津冀地区为单位进行疏解。

(一)北京:疏解功能、整改用地和促进利用

北京通过《城市总体规划(2004年—2020年)》《京津冀协同发展规划纲要》《城市总体规划(2016年—2035年)》等文件和相应法律法规对非首都功能疏解作出了合理的计划控制。

首先,制定首都建设的评价指标——"建设国际一流的和谐宜居之都评价指标体系",共有5个分项,42个评价指标,以2015年、2020年和2035年为3个评价节点,对一些重要的项目作出严格规定,尽量数字化、具体化、人性化。如常住人口规模、城区人口数量、用地规模、开发强度、空气污染物浓度、农田保护面积、轨道交通里程等,确保首都和城市基本功能照常运转的同时,腾退部分功能,实现北京可持续发展的目标。

其次,北京发起并推进了"疏整促"专项行动,以疏解、整改、促进的手段来完成非首都功能的重新布局。"疏整促"针对非首都功能涉及的不同情况,主要采取3种方式来解决问题。第一是疏解,主要是针对第二产业和低端服务业。北京将90家工业企业和66个专业性市场转移到京外第三地,在京内市中心外建设高校和医院的分区,以此均衡教育、医疗等公共服务资源的分配。第二是整改,主要是针对基层治理单位,如街道、乡镇,开展违法用

---

① 张可云、沈洁:《疏解首都科技创新功能可行吗?——韩国的经验及其对北京的启示》,《北京社会科学》,2016年第3期。

地的清理、腾退、回收工作。近年来获得极大成效,重新整理出土地6万亩以上。治理城市中的违法违规经营、租房、置业等灰色产业,改善老旧小区居住环境,提升民众的居住舒适度和满意度。第三是促进,主要是对疏解、整改中获得的土地进行重新规划,优化提升使用空间的效率,增加城市绿化用地,恢复城市的生态功能。迄今为止已经实现增绿1.6万平方公里,[①]打造一批重点项目,做好试点工作,为进一步改善北京的空间规划和城市环境做好探索工作,积累经验。

最后,以"合理"来把握计划控制的"度"。北京在疏解功能的时候,需要一个合适的"度",过犹不及,不能盲目和一刀切地处理非首都功能,也不能凡是首都功能就一律不能动。比如,教育功能不是北京的核心功能,那是否凡是大学都要强制性迁出呢? 答案当然是否定的。很多首都的非核心功能都含有基础设施供给和公共服务的性质,一律外迁势必给首都普通民众的生活带来极大不便。另外,科技创新功能是首都功能,但在其产业链条中,也有中低端产业,甚至是污染严重,附加值低的部分,这些部分可以考虑通过建设创新城市或是卫星城的方式来向外疏解。矛盾分为主要矛盾和次要矛盾,每一个里面还有矛盾的主要方面和次要方面,这就需要政策的制定者和相关单位根据实际情况来灵活处理。

(二)首尔:限制开发和土地管理

首尔为遏制首都功能无限扩张采取了一些办法,主要还是用法律手段来对土地进行管理和控制,限制开发,避免首都无限制膨胀下去,其中最为典型的是绿带制度和首都圈整备战略。绿带制度在第一节的"总体战略思路"中已经提到,其实质就是为了防止首都"摊大饼"式的发展。1971年,韩

---

① 北京市规划和国土资源管理委员会:《北京城市总体规划(2016年—2035年)》,北京市人民政府,http://www.beijing.gov.cn/gongkai/guihua/wngh/cqgh/201907/t20190701_100008.html.

国制定并修订了《扩大都会区绿化带》《城市核心再开发基本计划》①等相关法规,在首尔四周划定了开发限制区,也就是"绿带",在此范围内,禁止任何土地开发行为,希望以此缓解首尔的过度城市化。绿带的设置在一定程度上起到了保护首都地区环境,限制无序开发的作用。但是绿带使土地投资和产业建设蔓延到首都的一些卫星城市,推动了首尔市内和卫星城的房价,也让首都圈的人口密集程度进一步加剧。

从20世纪70年代至80年代起,韩国开始颁布《国土综合开发规划》和《首都圈重组基本规划》,至今已经分别制定了4次和3次,并以此为基础,陆续制定了一系列法律法规,构成了首尔非首都功能疏解和首都圈建设的法规政策体系。在具体管理上,成立国家级的首都圈整备委员会,由总理担任委员长,重要部委官员任副职,其他部委官员和首尔、仁川、京畿的地方行政长官任委员,重大规划、建设和具体项目实施等需经委员会讨论通过。②整套法规和管理体系以首都圈为单位,以土地管理为主要任务,以疏解首都功能为目的。将首都圈划分为过密抑制区、成长管理区和自然保护区,转变原有的分区管理思路,化单纯的抑制方式为管理型方式,由直接限制转为间接限制,增强了宏观调控下的灵活性和机动性,实际上是优化首都圈的土地开发结构和空间,打造多核心的土地利用格局,最终实现疏解首尔非首都功能的目标。

三、适度的部门迁出

北京与首尔的部门迁出表现出同样的模式,即首先是第二产业,特别是

① *Urban Planning*, Seoul Solution, https://seoulsolution.kr/en/urbanplanning.
② 张可云、董静媚:《首尔疏解策略及其对北京疏解非首都功能的启示》,《中国流通经济》,2015年第11期。

污染大、能耗大的工矿企业迁出,然后是低端服务业,以此将大量相关行业从业人员有序分散,减少首都地区的人口密集度和资源环境压力。两座首都城市都注意到应该从根本上解决城市病问题,所有的功能聚集都是由政治功能引发的,所以在保证不动摇首都政治中心地位的基础上,有必要进一步分解和细化政治功能,将其中的一部分行政功能进行疏解。北京选择了通州城市副中心和河北雄安新区,首尔则开始将行政机关分散到首都圈内,进而全国疏散,最终决定迁都世宗。我国首都功能疏解的策略基本是以北京市中心为原点,逐步往市郊分散,进而是首都圈地区,而韩国则很早就以首都圈为中心开始疏解非首都功能,进而是全国,乃至最后决定迁都。这种不同局面的形成主要是由于韩国的安全形势和国土纵深导致可供选择的功能迁入地并不多,加上首尔的面积也不及北京。说到底,还是自然条件和历史因素所决定的。

(一)北京:外迁产业和导出人口

早在 20 世纪 60 年代,由于"备战、备荒、为人民"等历史原因,北京电力学院、北京建筑工业学院、北京机械学院、北京地质学院、北京石油学院、北京矿业学院、中国科学技术大学等 13 所高等院校迁出北京。虽然在当时的背景下,这一行动并不是出于疏解非首都功能的考虑,但也为后来的规划提供了一定的经验。21 世纪前后,由于工业污染和产业升级换代的需要,我国开始将一些工业企业从北京迁出,拉开了北京功能疏解的大幕。

最早被从北京迁出的多是第二产业部门,也就是工业企业居多。如首都钢铁、北京内燃机总厂铸造车间、北京第一机床铸造车间、北汽集团汽车制造厂、丰台服装加工基地等。随后,一些中低端服务业和专业性市场开始迁移,如大红门纺织批发市场、北京动物园批发市场、北京京温服装批发市场等。① 这些产业部门多被转移到邻近的河北地区,如迁安、高碑店、泊头、黄骅、霸州、香河、固安等地,当地也如雨后春笋般崛起一座座新城。首都地区的一些高校和医院也以设立分院、分校的方式在首都圈内实现实体搬迁,还有一些原本计划在京内建设的学校、科研院所、专科医院、养老院改为选址在天津、河北等地了。但是仅有产业部门及其从业人口的迁出,并不能从根本上解决北京的城市病问题。

进入 21 世纪以后,北京开始考虑从根本上解决城市病问题,提出首都功能定位,疏解非首都功能,把部分行政、教育和公共服务机构迁出首都。北京是政治中心,具有很强的政治性,具体表现为北京拥有许多国际和中央级别的行政机关,如亚洲基础设施投资银行总部、全国人大、全国政协机关、国务院及其各部委等,这些机构是保障北京政治地位的重要标志,是不可迁移的。但是一些辅助、依附和支持性的中央机关,如各党政机关服务中心、行业协会、社会团体、报社、普通央企、一般性国际组织等,还有北京地方级的行政机关是可以部分乃至全部迁出的。

(二)首尔:分散功能和均衡发展

自 20 世纪 60 年代以来,首尔的人口快速增长,城市病越来越严重,虽然进入 21 世纪后,特别是近些年来,首尔人口已经呈现逐年下降趋势,但城市病并没有缓解。为解决这一问题,韩国政府最早采取的措施就是疏解人口,外迁一些产业和部门,从数量上治理城市病。1964 年,韩国颁布《首尔都市区限制人口增长的特别措施》等法规,以部门外迁的方式来疏解首都人口,缓解首尔发展的城市压力。部门迁出的基本原则是"适度",一是数量上适度,选择一定数量的产业部门、行政管理部门、教育部门外迁,而不是"一刀

---

① 张云泽、常燕:《河北省承接京津地区产业转移的对策研究》,《产业与科技论坛》,2008 年第6 期。

切"。二是质量上适度,将首都地区污染大、能耗高、效益低的产业迁走,特别是工业企业,而高新科技企业等予以保留。1971 年,《污染防治法》被制定并通过,该法律授权首尔市长可以责令污染企业搬出首尔,1979 年,首尔外迁企业共 1813 家。1994 年第二次《首都圈重组基本规划》规定首尔地区的公共机关、工厂和大学为主要迁出对象。仅 20 世纪 70 年代的 10 年间,首尔外迁了 7 个国家行政机构,5500 余人,主要迁入地为京畿道中部的果川市。

在部门外迁方面,除上述措施外,韩国还实行了一项"激进"的政策——迁都。迁都局面的出现,是因为一般性的部门迁出措施已经不能满足首尔发展和首都圈规划了,普通的卫星城建设也是治标不治本,没有从根本上解决首尔的城市病,加上对首尔安全保障问题的担忧,韩国政府一直计划着迁都。2007 年 7 月,名为"世宗"的新行政首都正式开工建设,世宗被定位为韩国的行政中心,级别相当于中国的省级城市,正式的官方名称为"世宗特别自治市"。2012 年 7 月 1 日至今,经过三个阶段的搬迁工作,总理办公室、教育部、文化体育观光部等 18 个政府机关和 30 多个公共机构,共 1.3 万人迁入世宗。预计到 2030 年,城市总人口将达 50 万人,关于世宗特别自治市的详细情况,第三节再行单独论述。除此之外,韩国政府还将首尔市内的一些公共机构,如行政和附属部门、大学、研究机构、协会等迁往包括釜山、济州岛在内的全国 10 个新城,仅 2013 年,就有 127 个公共机构(含政府部门)迁出首尔,共 3.67 万人。[①]

四、协同的新城建设

本书的第二章第三节已经提及,北京全域面积为 16411 平方公里,首尔

---

① [韩]金秀显:《城市功能疏解——首尔都市圈案例》,第二届大城市智库联盟大会(北京)论坛,2016 年 10 月 15 日。

为605.25平方公里,前者相当于后者的27倍。因此,北京为疏解功能所建的新城基本都在城市的辖区之内,如通州的城市副中心就是在原来规划的通州新城基础上建成的,其他疏解功能也多落户于房山、门头沟、亦庄等地。而疏解首尔城市功能的新城,近一些的分布在首都圈内的仁川、京畿等地(见表8),远的则在釜山甚至是济州岛了,两者的差异主要还是和首都行政管辖面积有关。随着北京人口规模不断扩大、城市病不断加重,非首都功能逐渐疏解到京外,而且从早期的工业职能疏解发展到行政功能疏解。首尔在新城建设时设置了环绕城市的绿带,也就是禁止开发区域,这一做法有利有弊,北京是否需要借鉴还是应该视具体情况来定,也可以采取不同的方式,但达到同样的目的,如设立生态保育和环境涵养区域,但不绝对禁止任何形式的开发,而是以辩证唯物主义的态度来对待,灵活处理。

表8 承接北京与首尔部分功能的新城

首都	主要承接的非首都功能	新城
北京	行政功能	通州/雄安
	三大传统产业功能	曹妃甸/三河/大厂/香河/涿州
	高新科技等新兴产业功能	大兴/亦庄/昌平/
	居住和生态功能	顺义/房山/门头沟/平谷/怀柔/密云/延庆
首尔	行政功能	果川/大田屯山/鸡龙/世宗
	三大传统产业功能	昌原/丽川/安山
	高新科技等新兴产业功能	金浦/富川/安养/盆唐/板桥/龙仁
	居住和生态功能	洪陵/议政府/慰礼/坪村/山本/中洞/一山

(资料来源:北京市人民政府《北京城市总体规划(2016年—2035年)》;首尔特别市政府《2030年首尔计划》)

(一)北京:从京内为主到京津冀协同为主

北京的新城建设选址分为两个层次:一个是非市区的远郊地带,如位于通州的城市副中心。二是北京行政管辖外的环首都地区,如位于河北的雄安新区。北京域内的新城主要是通州、大兴、亦庄、昌平、顺义、房山、门头沟、平谷、怀柔、密云和延庆,新城的规划和建设之间协同推进,避免了承载职能的重复。城市的生态保育和环境涵养职能由门头沟、密云、怀柔、延庆,以及昌平和房山的山区共同完成,同时打造乡村旅游和城市后花园,其中密云还是北京重要的水源保护地。经济职能主要由顺义、亦庄和房山承接,顺义做好航运服务、创新型经济,亦庄则是既有产业升级换代、新型产业基地、产业集群的示范区,房山定位为连接保定、石家庄等河北城市的发展节点和科技金融新城。首都部分科技和教育职能落户大兴和昌平,这两处是结合科技创新、科教融合、国际交往新门户和文化振兴与旅游的全新型城乡统筹协调发展新区。[①] 北京域外的新城主要分布在环绕首都的河北地区,如与通州城市副中心临近的三河、大厂和香河,统称为廊坊北三县,还有保定的涿州以及在雄县、容城和安新地域新建的雄安新区,唐山的迁安、滦南、曹妃甸等,这些卫星城或新城主要迁入了北京疏解出来的产业功能、部分经济功能和行政功能。

相较于韩国对行政功能的疏解,我国对首都行政功能的疏解主要是设立北京城市副中心和河北雄安新区。北京城市副中心位于北京市下辖的通州区,距离市中心大约 30 公里,2012 年被确立为北京市的行政副中心并上升为国家战略,2016 年 4 月调整为城市副中心,主要承接北京市中心外溢的功能,迁入首都各级行政机关等,2019 年 1 月 11 日,北京市的"四大班子"全部迁入城市副中心。在其后的规划和建设中,国家出台了一揽子法律法规和指导方案,向城市副中心管理机构放权,提高其自主性、积极性和能动性,按照《北京城市副中心控制性详细规划》要求,努力实现新城的飞跃式发展。除行政功能外,北京还将一批科技创新型企业、商务贸易产业集群、旅游服

---

① 北京市规划和国土资源管理委员会:《北京城市总体规划(2016 年—2035 年)》,北京市人民政府,http://www.beijing.gov.cn/gongkai/guihua/wngh/cqgh/201907/t20190701_100008.html.

务业、文创设计业迁入城市副中心。对于新城的基础设施和公共服务,各级政府也投入了大量的人力、物力和财力予以保障,如市区绿化和公园、幼儿园和基础教育学校、三甲医院分院、城市副中心交通枢纽等。

(二)首尔:从工业疏解为主到行政疏解为主

韩国的新城建设主要是服务于首尔非首都功能疏解,用于承接首尔疏解出来的功能和人口。迄今为止经历了2个历史阶段:第一阶段为20世纪70年代至21世纪前,第二阶段为21世纪初至今。

第一阶段新城的建设就是为了分散人口,缓解首尔的资源紧张问题。以韩国的第一个《国土综合开发规划》为依据,围绕首尔建设了昌原、丽川①、安山、果川、大田屯山、鸡龙等一批卫星城,其中,前3座城市用于承接工业企业,后3座城市承担部分行政职能。以首尔奥运会为节点,首都的土地价格飞速上涨,韩国政府先是在首尔市内的开浦洞和木洞地区开发了规模为11.4万人的居住区,继而又在绿带之外建设了盆唐、坪村、一山、中洞和山本5座可供200万人居住的新城。第一阶段所有新城建成投入使用后,解决了首尔非首都功能疏解的部分问题,大量人口迁入新城,在一定程度上缓解了首尔的城市病。

但是新城在设计的时候主要是非首都功能的输入地,缺乏自身城市的个性和功能,许多居住区缺乏人气,沦为首尔的"卧室"。居民在新城和首尔之间的通勤变相加剧了首都交通的压力,很多新城初始的设计目标最终没有实现。在这种情况下,进入21世纪后,韩国开始了第二阶段的新城建设。这一阶段的重点是建设了世宗市,还有遍布全国用于疏解首尔公共机构的10座新城。此外,首尔对市内的一些地方也进行了新城改造,②如麻谷、上

---

①　1998年4月1日,原丽川市、丽水市和丽川郡合并为新的丽水市。

②　Jang Nam – Jong, *New Town Project in Seoul*, *Seoul Solution*, https://seoulsolution. kr/en/node/6414.

岩、九老、金泉、江南、文井等,目的在于促进公共服务和基础设施供给的均衡,改善民众的居住条件,完善城市的基本功能。韩国的新城建设注意了城市之间,特别是首都与功能疏解迁入地城市之间的协同和协作,不再仅仅是为承载首都的某些功能,更多地是均衡地区之间的发展,实现利益共享,并且将新城的城市个性和基本功能放在了重要的位置,增加了新城的吸引力和影响力,成为更加宜居的城市。

五、便捷的交通体系

北京与首尔的交通情况用一个字来表述就是"堵",虽然这里有城市中心人口和车辆数量庞大的原因,但世界上很多比北京与首尔市中心人口和车辆还多的首都,交通却依旧井然有序。由此可见,在问题一样的时候,管理方式尤为重要。近些年来,北京与首尔制定的城市交通规划都要求减少使用私家车,倡导绿色出行、公共交通,特别为步行、自行车出行开辟专用道路,建设友好型交通。两国都将轨道交通作为连接首都与功能疏解新城之间的大动脉,建成、在建并持续规划了多条线路。北京的公共交通工具以国营方式为主,首尔则是股份制多元主体经营。从轨道交通的分布形状来看,北京是环形结构为主,与城市"圈层"发展模式大致相同,首尔是交叉网状结构,以功能节点为主。两座城市未来可以在智能交通、无人驾驶、智慧轨道等方面加大投入,以便捷的交通体系网络连接首都与功能疏解区域,实现同城化和一体化。

(一)北京:管控、疏导和统筹

北京城区人口密集,机动车保有量大。每天有大量的民众通勤,城市满足出行要求的压力极大。此外,主要的非首都功能疏解地分布于北京城郊地区、天津和河北等京外地区,如果没有便捷的交通体系与之相连,势必会进一步增加民众的出行难度和道路拥堵程度,非首都功能疏解的目的也难以实现了。两国应将交通体系规划纳入城市开发和环境保护之中,形成首都整体发展规划和建设的统筹管理。

针对上述情况,北京采取了一系列措施予以应对,主要是加强治理和提高服务水平。首先是治理智能化,从数据上管控交通,合理调整、适时介入、疏导为主。例如,对全城范围内的停车位实行全覆盖,以大数据来调控停车设施,通过智能化分析,在一些路段开辟停车场地。做好绿色出行的基础性工作,建设专门的人行步道和自行车专用道路,完善公共交通道路建设,特别是道路支线的建设工作,构建首都民众出行的便捷型、绿色型、友好型交通体系。

其次,提升整体服务水平,在交通规划、交通环境、公共交通供给等方面下功夫。北京继续做好"断头路"的建设,加快施工进度,合理规划道路的干线和支线布局、密集度、衔接性等。徒步、自行车和公共汽车出行方式拥有交通优先权,对市区内停车管理借鉴国外的先进管理经验,以市场手段进行管控,探索私家车管理的综合治理方式。政府继续推进交通功能分区规划,建设以公共交通为中心的综合交通枢纽工程,发展轨道交通,特别是与北京的卫星城之间的轨道交通。北京现有 22 条轨道交通线路:1、2、5、6、7、8、9、10、13、14、15、16 号线,4 号大兴线、S1 线、机场线、新机场线、八通线、昌平线、亦庄线、房山线、燕房线、西郊线。未来还将修建连接京外卫星城、京津冀地区新城,乃至河北地区部分功能疏解迁入地的轨道交通,最终形成以北京为中心,遍布京津冀地区的轨道交通网络。

(二)首尔:人本、共享和生态

通勤问题对于首尔同样重要。首先是因为城市饱受交通拥堵之苦,出行难加剧了民众生活的痛苦程度,也对城市治理提出了挑战。其次,交通对于首尔与卫星城之间的联系至关重要,只有便捷的交通系统才能获得"同城"的感觉,用时间来缩短空间的距离。除通勤外,交通体系对于首都疏解功能,用空间置换功能也具有非同一般的意义。首都可以将机场、港口、车站等重要交通节点放置在卫星城或首都圈内,以轨道交通和高速公路连接起各个节点。同时,构建网络型交通系统,扩充首都所需物资的物流网,形成干线和支线相结合的复合型交通支援体系。[①] 这一体系就像连接病人与人工心肺机之间的管道,用以治疗首尔的城市病。

首尔市政府在 2013 年 12 月发布了《首尔交通愿景 2030》,秉持人本、共享、生态三大理念,打造"不依靠私家车也可以便利生活"的交通体系。政府倡导以人为本、共有共享和爱护环境的原则,提出现有人行道面积翻倍、处处可骑车、通用型完全道路(Complete Streets)的建设方案。以人为本的交通就是步行者优先,提倡自行车出行,为弱势群体提供无障碍交通保障,减少交通事故伤亡人数,打造交通安全城市。共有共享的交通就是构建以轨道交通为中心的公共交通体系,提供便利的交通服务和共享交通工具。爱护环境的交通就是做好社区公共服务和基础设施建设,减少不必要出行,增强交通的生态功能,注重交通体系设计和工程实施时的环境保护因素,营造不拥堵、有秩序、少排放的环境友好型交通氛围。

首尔注重利用公共交通,在市区内,拥有公共租赁自行车、公共汽车、地铁形成的复合型交通系统,在首都与卫星城之间,以轨道交通和高速公交相连。市内公共汽车分为干线·支线公交车、循环公交车、广域公交车和社区公交车,仅在市区内运营的公交车公司就有 197 家,车辆 8955 辆,线路 598 条,各级车站共 6038 座。首尔市内及其与卫星城之间的轨道交通共计 21 条,即地铁 1、2、3、4、5、6、7、8、9 号线,仁川地铁 1、2 号线,水仁线、机场铁路

---

① [韩]申润秀、金锡载:《首尔首都圈重组规划解析》,胡京京编,《城市与区域规划研究》,2012 年第 1 期。

A'REX、盆唐线、新盆唐线、京义·中央线、京春线、议政府轻轨、爱宝线、京江线和磁悬浮铁路。①

第三节　雄安新区与世宗特别自治市

雄安新区与世宗特别自治市是两座因为疏解首都功能而诞生的城市。作者在本书中已有好几处提及了雄安和世宗,为详细说明它们在首都功能疏解过程中所发挥的作用,在此专列一节篇幅,从决策背景与过程、具体措施与行动两个方面来予以论述。

一、决策背景与过程

同属疏解首都功能的迁入地,雄安与世宗都是由新城起步,逐渐成长起来被赋予重任的万众瞩目的城市。两座城市都有着良好的前期规划和专门立法保障,在空间上,它们和首都城市非常接近,并共享部分优势资源,如航空运输。雄安与世宗主要是首都行政功能、科教文卫和部分人口的疏解地,构成了都市圈层次性的空间布局结构。两座城市的决策过程都体现了科学、前瞻与和谐的特性。雄安的决策背景与过程体现了中国特色——集中力量办大事,短时间内完成高效率的工作。从 2014 年到 2017 年,短短 3 年时间,雄安就从构想落地成为现实。世宗的决策过程却经历长时间的延宕,从卢武铉 2002 年提出迁都设想,到 2012 年韩国政府开始第一阶段外迁行政机构,已然过去了 10 年时间。另外,两座城市的定位实际上也存在很大差

---

① 　首尔特别市官方网站"政策资讯"栏中"交通"项目:http://tchinese.seoul.go.kr/.

别,雄安主要还是北京非首都功能的疏解地,勉强能够称为"副首都",而世宗的诞生就是作为行政首都的身份,是迁都之地。

(一)全新的"副首都"中心城市——雄安

雄安新区地理位置优越,居于华北平原腹地,首都圈范围以内,距离北京、天津和石家庄均在 100 公里至 150 公里左右,离保定市和北京大兴机场也非常近,总面积约 1770 平方公里。① 从行政区划上来说,雄安处于雄县、安新和容城三个县级市辖区内,属于平原地貌。气候为季风性、大陆性、半湿润和半干旱区,全域为海河和大清河水系,河流湖泊众多,如大清河和白洋淀。秦始皇统一中国后,这里归属广阳郡。随着朝代更替,雄安故地先后更名为涿郡、河间、高阳、河北道、幽州、雄州等;中华人民共和国成立后,划归保定管辖,持续至今。

2014 年 2 月,习近平在北京考察时提出京津冀协同发展战略;2015 年 4 月 30 日,中共中央政治局通过《京津冀协同发展规划纲要》;2016 年 3 月 24 日,中共中央政治局常委会听取了关于北京行政副中心和北京非首都功能疏解迁入地的规划汇报;2016 年 5 月 27 日,中央政治局审议《关于规划建设北京城市副中心和研究设立河北雄安新区的有关情况的汇报》;2017 年 2 月 23 日,习近平到雄安新区考察,提出新区规划和建设要有"世界眼光、国际标准、中国特色、高点定位";2017 年 4 月 1 日,雄安新区正式设立。

从以上决策过程可以看出,中国中央政府设立雄安新区的初衷就是为了治理北京的城市病,疏解首都功能,推进京津冀协同发展。考虑到北京的实际情况,习近平提出要在河北,也就是北京首都圈内找一个合适的地方建设一座新城,新城的地理位置、自然条件、人口规模等都要适度,并且要把未

---

① 《雄安地理环境和气候特征》,中国雄安官网,http://www.xiongan.gov.cn/2021 – 01/19/c_129769113.htm.

来的动态发展考虑在内。新城不走现有城市建设的老路,要提前规划,采用现代信息、环保、低碳、智能等技术,重视城市的生态功能,打造人与自然和谐相处,具有良好的基础设施和公共服务体系,适宜人类居住的友好型城市。新城的最终用途是与北京城市副中心一起构成非首都功能疏解的迁入地。从提出最初的意向开始,到雄安新区成立,虽然只有短短 3 年的时间,但规划制定、居民搬迁、土地平整、工程建设等工作,无不体现了以习近平同志为核心的党中央的政治智慧、战略格局和使命担当。

(二)迁都构想中诞生的城市——世宗

从地理位置来说,世宗临近首尔首都圈的天安市,但并不属于首都圈,而是位于忠清都市圈的中心,四周分别与忠清北道清州市、大田广域市、忠清南道公州市和忠清南道天安市毗邻。在行政区划上,世宗分为 1 邑、9 面和 14 洞,管辖面积为 465 平方公里,实际开发面积 73 平方公里,现有人口规模约 35 万人。① 从韩国的历史来看,世宗是一座新城,最早由三国时代的百济国统治,属于全义、燕歧和金南地区,统一新罗时期开始归属燕歧,高丽时代又成为大田下属的县,朝鲜时代地名基本为燕歧,也曾改称为全歧,大韩民国建立后,对其下辖的邑、面、洞等有过调整,其他方面变动不大。

因此,不论是从地理上,还是历史上,世宗都是一座在迁都构想中诞生的城市。韩国迁都的想法由来已久,主要原因是首尔的安全问题和城市病,但种种现实的羁绊使得这一构想长期都停留在初始阶段,直至卢武铉总统时期。2002 年,卢武铉在参选总统时提出迁都设想,预备选址在忠清南道,新建一座城市作为迁都之地,将首尔的部分行政功能迁移出去。2004 年,这一规划因为违反韩国宪法被迫搁置,2005 年 3 月,韩国国会通过《行政中心复合城市的特别法》,5 月 18 日公布该法案,法院在 11 月判定法案符合宪法

---

① 《行政区域》,世宗特别自治市,https://www.sejong.go.kr/chn/sub01_020301.do.

规定,新首都的建设正式提上日程。2006 年 12 月 21 日,新的行政首都定名为"世宗特别自治市",2010 年底至 2012 年 7 月,韩国完成了世宗市地位的立法、废止该地原有行政区划、正式成立世宗特别自治市等工作,宣告了韩国新行政首都的诞生。2012 年至 2016 年,韩国中央行政机关和附属部门进行了 4 个阶段的搬迁,至 2016 年 9 月,除总统府、国会、国防部和外交通商部等关键部门在首尔外,包括总理办公室、教育部、文化体育观光部、财政部、国土交通部等中央行政机构均外迁至世宗市。

二、具体措施与行动

雄安和世宗在空间布局、工程建设、功能构建等城市建设的具体措施与行动上基本都采用了整体规划、分层设计、逐点推进的方式。雄安的工作重点有 8 个方面,世宗有 4 项措施和 7 项行动,其中大部分已经落实或正在实施当中。两座城市都采用绿色、低碳和环保的方式来建设城市,突出城市的生态功能,强调人与自然和谐共处,以现代化的高新科技为重点发展产业,注重城市的智能化,如智能公交、智能建筑和智能材料等。雄安处于北京都市圈之内,属于首都圈内部地区,是京津冀协同发展战略的重要一环,与北京城市副中心共同构成首都"双翼",是主要的非首都功能疏解地。世宗不在首尔都市圈内,处于外围地区,韩国政府把迁都的工作重点放在了解决地区增长的不均衡、发展的差异性上。通过建设新城,不仅要治理首尔的城市病,更要促进韩国整体的均衡发展,实现不同区域、不同群体、不同阶层、不同世代之间的和谐共生、共同繁荣和成果共享。

（一）功能迁入地的首都两翼之一

雄安新区与北京城市副中心并称为首都的两翼,如雄鹰展翅飞翔的一对翅膀。城市副中心承接了首都的一些行政功能,特别是北京的市一级行政机构。雄安新区需要承载首都转移的国家功能,定位为"千年大计、国家大事",是继深圳特区和上海浦东之后又一项重量级开发项目。

在具体实践中,雄安将工作重点放在了八个方面:

第一,科学合理的空间布局。政府合理安排雄安新区的国土空间格局,以承接北京非首都功能为重点,确定未来的开发规模和人口总量,确保新城的生态功能,对农用耕地等土地资源设置开发红线,予以保护。统筹城乡发展,形成以容城、安新两县交界地区为起步区的"一主",雄县、容城、安新县城及寨里、昝岗外围组团的"五辅",若干特色小城镇和美丽乡村组成的"多节点"构成的新区城乡空间布局。雄安做好起步区空间规划和建设工作,建成"北城、中苑、南淀"的城市布局,为新区建设带好头。

第二,新时代的整体城市风貌。城市总体设计要突出"一主、五辅、多节点"和"北城、中苑、南淀",规划好新城的中轴线、天际线和风景线。在城市特色风貌上要结合古今中外的建筑特点,突出中国传统文化因素。合理保护和利用新区内原有的古代文物和建筑,不破坏原有的空间风貌和建筑风格。

第三,和谐的自然生态环境。雄安重点修复白洋淀的生态环境,恢复原有水域面积,水质达到国家相关标准,建立国家级公园,创新管理模式。加强新城生态功能的恢复和发展,植树造林,建设生态防护林,城区进行大规模绿化,保障城市的生态环境安全。

第四,三大产业发展与高端科技产业。承接北京的非首都功能,重点疏解迁入国家行政机关、大专院校、科研院所、国企、医院、经济和金融机构与企业等。产业发展重点为信息技术、生物科学、新材料、绿色农业、高端服务业等。现已入驻的企业有中国移动、中国电信、华电集团、中国人寿、国家电网等。未来将着力打造科技创新平台、科教一体化基地和创新服务体系。

第五,公共基础服务体系。精确布局新城的公共服务设施,按照"城市-

组团-社区"的层级,做到覆盖全、功能全、层次全,城市中心的设施主要用于承担北京迁入的行政、文化、国际交往等功能。雄安构建方便民众的基层设施和公共服务,如幼儿园、小学、中学、社区医院、超市、文化站、绿地公园等。政府提升公共服务水平,特别是教育、医疗、文化和基本生活保障服务。探索建立住房保障体系,试点租购并举的住房制度,严控新区内的房地产开发活动。

第六,便捷高效的交通系统。2020 年 12 月 27 日,高铁雄安站建成并正式投入使用,这标志着完善雄安新区的交通服务体系建设取得重大进展。在这一方面,现有建设重点关注铁路、公路和航空运输,搭建"四纵两横"的高速铁路和"四纵三横"的高速公路网络,共享北京新机场、首都国际机场、天津滨海机场和石家庄正定机场的空运资源,以交通加强雄安与北京、天津、石家庄和附近大中型城市之间的联系。[①] 雄安探索绿色和智能的便利交通,构建以公交车、自行车和步行为主的出行模式,在雄安试验无人驾驶等智能共享交通工具,打造动态交通智能管理系统。

第七,绿色智慧城市建设。雄安注重城市的生态功能,在建设新城的过程中执行低碳和绿色的总体要求,严格控制碳排放量,推广绿色生活方式,严禁在区域内建设污染大的工矿企业。政府建设资源环境节约型城市,严控总体用水量,在城市绿化和市容市貌的用水上提倡多使用循环水,要建成海绵城市,防止在降雨量大的时候形成城市内涝,将收集的雨水用科学方法储存起来重新利用。新区推广绿色建筑和材料,注重环保标准和废旧材料的再利用,着重使用太阳能等可再生能源,构建绿色的市政基础设施,尤其是合理利用地下空间,同步建设数字化的智慧城市系统。

---

① 《河北雄安新区规划纲要》,中国雄安官网,http://www. xiongan. gov. cn/2018 - 04/21/c_129855813. htm.

第八,安全的现代化新城。雄安重点保障城市应急防灾体系、用水安全、抗震能力和能源供应。总体上达到节能和智能的标准,优先解决与群众生活息息相关的生活资源供应安全,如水、电、气、热等。搭建公共安全保障体系,对城市可能遭遇的火灾、水灾、地震等各种原因引发的突发性事件做好预案,随时应对,利用新区科技上的有利条件,形成全方位、智能化、系统化的现代城市安全保障体系。

(二)现代化的行政中心城市

世宗的总体目标是打造幸福的城市,城市定位是市民主权特别自治市和行政首都。市民主权就是世宗的市民参与到市政决策和执行之中,决定城市的发展和方向,实质是一种地方分权式的自治。行政首都实质上是与首尔共同担当政治功能,形成分权式首都的格局。在具体执行工作中,韩国政府倡导4项措施和7项行动。①

4项措施主要是:第一,建立以民为主的分权自治城市。世宗市民与政府分享城市管治的权力,能够参与市政的全过程,从决策到执行。常态化、平民化和自主化是这里民主治市的鲜明特色。第二,打造绿色美丽的城市。世宗的城市设计与建造都注重了环境保护和可持续发展,为市民提供优良的公共服务,特别是在教育、文化、交通、社会福利、休闲生活等方面,人与自然和谐共处,社会环境安全友好。第三,注重城市的创新能力培养。世宗重点发展高端科技和服务产业,如会展业、旅游业、文化艺术产业等,对信息技术、人工智能、文博创新等予以支持。第四,关注社会公平性和均衡发展。韩国建设世宗的时候,在城乡统筹、代际统筹、区域统筹上作出了安排,避免出现首尔那样的资源集中型城市,实现了世宗内部不同阶层、地区、世代之间,外部不同城市、不同行业之间的和谐共生、共享共赢。

---

① 《愿景》,世宗特别自治市,https://www.sejong.go.kr/chn/sub01_020301.do.

7 项行动是对 4 项措施的细化和具象化,即建成韩国的行政首都、打造市民自治城市、让所有民众都拥有感到幸福的福利、可持续发展的绿色智能经济、便利的公共交通系统、安全富足的社会环境、统筹进步的群体和谐共赢生活。这些行动涉及了世宗的政治、经济、文化、社会、生态环境、交通等各个方面,很多都在进行之中,有一些则业已实现。世宗现在已经是韩国实质性的行政首都,拥有企业 10484 个(2017 年),行政机构 40 个(2019 年 1 月),户数 1 万户,人口约 32 万人(2019 年),且是韩国全国人口增长率和出生率第一的城市。世宗还初步实现了智能城市的目标,完成了第 4 次产业革命的技术更新,建成交通、教育、环境运行的智慧系统,并于 2018 年入选世界五大智慧示范城市。此外,世宗在整体交通环境、奖励政策、投资环境、产业建设上实现了质的飞跃,基本达成预订的目标。比如,在产业建设方面,世宗已经建成尖端产业园、未来产业园、科技谷、智能绿色工业园、创业风投企业孵化器、产学研集群支援中心、风险投资谷等,还有适于传统产业发展的鸟致院产业园区、小井一般产业园区、芙江产业园区、青松农工园区等,[①]形成了既有产业和新型高端产业相结合的复合型经济结构。

上述韩国政府在建设世宗时倡导的 4 项措施和 7 项行动虽然内容繁多,看似庞杂,但有着一个总体思路,那就是在疏解首尔功能的同时,构建由中心到边缘的驱动模式。[②]世宗作为特别自治市,是中心地区,担负行政首都职能,周边地区是中心城市功能辐射区,城市之间以高速智能交通网络相互连接,形成都市圈和城市群,主要涉及忠清南道、忠清北道和大田广域市,同时北边还临近首都圈城市天安市和牙山市。在此基础上,韩国的不同都市圈交叉相连,构成世宗的广域圈层。这样的总体思路和发展模式是发散式

---

① 《世宗市介绍》,世宗特别自治市,https://www.sejong.go.kr/chn/sub02_010101.do.

② 汪芳、王晓洁、崔友琼:《韩国首都功能疏解研究——从三个空间层次分析韩国世宗特别自治市规划》,《现代城市研究》,2016 年第 2 期。

的,由内至外构成了 3 个层次,功能布局上均衡而和谐,有利于实现疏解首尔非首都功能,同时又避免了世宗成为第二个首尔,最终达成国内区域之间的均衡发展和社会群体共同繁荣的目标。

第五章　中韩两国首都圈规划与建设

　　国内外关于中韩首都圈的研究及成果可谓汗牛充栋,一方面是因为这个主题本身就是极富话题性和研究价值的,另一方面它的现实性也很强,其研究结论很多都属于建言献策,具有可操作性。本书不会对中韩两国的首都圈展开广泛性的讨论,一个章节的篇幅也容纳不了那么多的内容。作者将从中韩首都功能定位这一中心议题出发,在第一章第一节初步说明"首都功能定位和首都圈建设之间的关系"的基础上,进一步详细探讨它们之间的联系,特别是首都圈建设在非首都功能疏解中所能发挥的作用。也就是说,第五章的切入点与整项研究是密切相关的,不空发议论,只是从比较的角度出发,解答首都圈建设如何为首都功能定位和疏解工作服务这一问题,做到有的放矢。本书之所以将题目拟定为"中韩首都功能定位与首都圈建设比较研究",也是出于这个考虑。

第一节　中韩首都功能辐射下的首都圈

本书第一章第一节对"首都"和"首都圈"的概念作了详细说明，即首都是国家中央政府机关所在地和主权象征，具备管理全国日常事务的政治中心，首都圈是以首都城市为中心的都市圈或城市群。同时，作者也在第一章第一节初步解答了"首都功能定位和首都圈建设之间的关系"这一问题，因此，本节将对初步回答进行深化、扩展和说明。

一、首都圈：首都功能辐射的范围

通过第二章、第三章和第四章的论述，作者认为首都圈实际上就是首都城市功能辐射的范围，这一辐射半径可能不仅仅限于圈内城市，有时候甚至能影响全国。因为首都圈的中心城市就是首都，圈内分布着许多中央政府机关，政治及其附属功能强大。中韩两国的首都圈基本上是由3大部分组成，中国是北京、天津和河北，韩国是首尔、仁川和京畿，北京与首尔在各自国内拥有强大的影响力。北京是我国的政治、文化、国际交往和科技创新中心，也是中国北方乃至全国的经济重镇。首尔是韩国的"中心城市"，在各个方面都傲立潮头，处于国内领先位置。但由于地貌特征、管辖面积、人口规模等因素的不同，两国首都功能对外辐射的情况也不尽相同，形成的首都圈模式也就存在着一定的差异。

（一）首都城市的功能范围

首都城市的功能范围指的是功能所及区域，也就是前文提到的首都圈地区。不过，学界也存在着广义和狭义两种理解方式：广义就是首都圈，狭义则只是首都的核心城市区。在一般的研究中,多数中韩学者采用的是广义定义,本书也是如此。在传统的东方儒家文化国家中,首都圈并不是一个陌生概念,古代一般将首都称为京师、京都、京城,或以独字"京"来指代,如"回京"是回到首都的意思,而首都圈则被称呼为京畿、王畿、畿内等①。在我国明清时代,首都附近地区在行政上隶属于直隶,也等同于京畿之意。中韩历史上对于京畿地区都非常重视,在实际管理中都会给予特殊地位和政策照顾。如清代的直隶总督一般是从一品甚至是正一品官员,地位也高于两江总督、湖广总督等地方上的封疆大吏。晚清时期的直隶总督还代理洋务,分管外交工作,曾国藩、李鸿章、袁世凯等都担任过直隶总督一职。

首都圈对首都功能辐射的接收主要是由空间因素决定的,具体体现为功能的可达性和互动性。可达性就是首都功能能够达到一定区域的能力,通常就是影响首都圈的能力,这一能力"由首都与周边地区的社会经济空间联系所决定"②。详细而言,可达性是地理空间的可达性和社会文化的可达性。现代社会交通发达,北京与首尔又都是重要的交通枢纽和中心城市,在地理空间的可达性上没有任何问题。长期作为首都的历史,使得两座城市不仅是历史古都和文化名城,更是各自国家的文化中心和代表,社会文化的可达性也不是问题。互动性指首都功能辐射与接收者之间的互动能力,也就是首都的功能辐射能力和首都圈对功能接收的能力。北京的发展模式长期以来都属于资源聚集型,即使建设新城和功能转移也基本都是在市辖区内进行,造成了北京与周边地区沟通上的"鸿沟",简单地说,北京与周边地区,特别是河北,在很多领域不在一个发展阶段,功能辐射和接收能力还有待提高。首尔对首都圈的整体规划起步早,在工业疏解、行政迁移、住房建

---

① 傅林祥:《中国古代"首都圈"是如何设置与管理的》,《人才资源开发》,2018 年第 3 期。
② 谭成文、杨开忠、谭遂:《中国首都圈的概念与划分》,《地理学与国土研究》,2000 年第 4 期。

设等工作实施时已经统筹考虑了首都圈地区,许多新城也分布在首都圈内,在互动性上要优于北京。

(二)首都圈的协同发展

在空间表达上,首都圈是首都功能辐射的范围;在目的上,如前面章节所述,首都圈是首都疏解功能的主要迁入地。诚然,疏解非首都功能是为了治理首都的城市病,但也要在首都的带领下,促进首都圈乃至全国的均衡发展,实现共同繁荣。作者认为中韩两国首都圈规划与建设的两大目标就是疏解非首都功能和协同发展,两者同等重要,以功能迁移带动协同发展,以协同发展促进功能疏解。其实,很多发达国家很早就认识到了这一点,将首都和首都圈的发展联系在了一起。如日本在1943年就废除了原有的东京市和东京府,改革双重结构的首都体制,1945年以后根据《地方自治法》成立东京都,1950年又通过了《首都建设法》,制定了建设首都圈的计划,1956年废除《首都建设法》,重新制定《首都圈建设法》并成立首都圈建设委员会,[①]以首都圈为单位整体规划区域发展。

作为我国的首都,北京又是北方的经济中心,肩负着带动首都圈乃至整个北方经济社会发展的重任。正因为如此,一些学者提出了"大首都圈"的概念,也就是以北京为核心的都市圈,可以称之为首都周边地区。大首都圈可以被划分为3个层次:第一层次是核心圈层,也就是北京市的辖区;第二层次是紧密联系圈层,包括天津和毗邻的河北省8座主要城市;第三层次是协同圈层,包括天津和华北5省。这一构想和京津冀协同发展战略的出发点相同,都是以经济、社会和文化联系来划分空间,用北京作为带动整个区域发展的动力引擎,促进区域协调,建设世界级的城市群。[②] 作者认为,京津冀协

---

①　彭兴业:《首都城市功能研究》,北京大学出版社,2000年,第217页。

②　《北京论坛(2012)文明的和谐与共同繁荣——新格局·新挑战·新思维·新机遇》,中国新闻网,2012年11月2日。

同发展与"大首都圈"中的第二层次,也就是紧密联系圈层比较接近,这一认定和标准较为接近我国首都圈的实际情况。韩国对于首都圈的界定比较明确,主要体现在《国土利用及规划法》《2020 首都圈广域城市规划》《首都圈整合规划法》、历次国土综合开发规划和首都圈重组规划等法律文件中。本书第二章的第一节中也给出了明确的定义:首都圈位于韩国的西北地区,基本范围包括首都首尔、仁川、京畿道,以及江原道春川市和忠清南道的天安市、牙山市。虽然韩国首都圈的地理概念是明确的,但在协同发展上,韩国政府的做法更接近"大首都圈"的理念,也就是以首都圈为中心,带动全国的均衡发展,减小区域之间的差异性。

二、可持续:首都建设发展的布局

在非首都功能疏解和首都圈协同发展的双重目标下,首都建设发展的布局必须具备可持续性。这里所说的"首都建设发展的布局"不仅仅是指在首都辖区范围内的布局,更多是立足上述双重目标下的布局,关于这方面的内容,在本书的第三章和第四章中已有详尽论述,就不再赘述,此处单就可持续性谈点看法。作者认为,之所以强调可持续,自然是因为出现了不可持续的问题,套用现在流行的网络热词,就是首都和首都圈的建设发展有"内卷"(Involution)的趋势。

内卷一词最早由美国人类学者克利福德·吉尔茨(Clifford Geertz)提出,意思是人类社会发展到一个阶段以后,就会在某种形式上固定下来,停滞不前,难以向更高层级前进,延伸的含义是当社会资源稀缺紧张而难以满足个人需求时,人们需要通过竞争来获取自己所需的资源。事实上,北京与首尔的发展出现了内卷现象,但不必通过竞争来获取资源,因为它们的内卷不一定都是由资源稀缺造成的,也有自然和社会承载力"超压"的结果,解决北京与首尔的内卷,需要打造富有个性优势的圈内城市,营造首都圈共同繁荣的协同环境。

(一)首都圈城市的个性优势

城市内卷的主要表现是在资源有限和"超压"的背景下,城市发展到一定的阶段后出现了难以为继和停滞不前的情况。如果不从顶层设计的角度对首都圈发展作出计划安排,那必然会出现首都抢占优势资源,成为资源的"黑洞",环首都地区的人力、物力、财力等有限资源都将流向首都,留下的只有贫困和衰败。打造富有个性优势的首都圈圈内城市,是在疏解非首都功能和首都圈协同发展的条件下,依据城市自身的特点,定位精确的资源需求,形成资源供给错位,而不是恶性竞争。简而言之,就是国家调整分配方案,城市各取所需,最终实现共同发展。

中韩首都圈内的主要城市因为自然条件、地理位置和经济结构等因素的不同,本身就表现出不同的个性优势。我国的京津冀城市群中,北京是政治中心,占有绝对优势,GDP 体量也是区域内最大的;天津则是海港城市,拥有条件优良的深水港口,也是重要的工业生产基地、商业和文化重镇;河北则人力资源丰富,第一产业和第二产业较为集中。首尔在首都圈内优势地位明显,经过 4 次国土规划和 3 次首都圈重组,部分工业和行政功能已经疏解到首尔以外,这正是为了防止首都圈的发展遭遇内卷,采取"国家调整分配方案,城市各取所需"办法的体现。现在首尔构建了以服务业、金融业、高端制造业、文创产业为主的产业发展方向;仁川同天津类似,也是重要的港口城市,是交通运输网络中的重要节点;京畿道人口众多,产业结构复杂且数量庞大,GDP 占比相对较高,这一点与我国河北省的情况不太一样。

除主要城市以外,中韩首都圈内还有众多的中小型城市,它们也需要确定自身的个性优势,避免发展同质化而造成对有限资源的争夺。首尔在 20世纪 80 年代至 90 年代建立了一批卫星城,如一山、盆唐、果川、金浦、平泽、城南等,赋予它们行政、工业、居住、文化和教育等职能。进入 21 世纪后,又以立法形式来建设行政首都世宗,首尔的人口虽然在逐渐减少,但功能定位非常清晰,首都圈因此也走上了良性的发展道路。我国对首都圈建设的重点一直放在为首都北京服务这一点上,主要工作也是承接北京疏解的非首都功能。除第四章中提及的新城外,天津滨海新区某种程度上也是承担了疏解北京非首都功能的作用,承接北京制造业分散和一些企业的转移,与韩国的仁川和京畿经历了类似的历史发展过程。对于像滨海新区这样的新城,如何确定它们的个性优势,不与其他新城形成恶性竞争,将是未来京津冀协同发展工作中需要考虑的问题之一。

(二)首都与协同城市的共同繁荣

首都圈圈内城市的个性优势形成了错位发展,打造了良性竞争的局面,其最终目的是达到首都疏解功能的同时,圈内城市之间的能够协同协作,实现共同繁荣和可持续发展。首都与协同城市要充分利用首都圈地区的"差距",如产业级差,形成多核心空间架构。[1] 首都是大核心,圈内大型城市是中核心,中型城市是小核心,小型城镇是组成部分,按照各自的城市特点分配任务,一层一层地疏解核心城市功能,合理分配资源,不重复、不浪费。当今世界的很多国家,特别是发达国家的首都圈多半属于这种情况,即多核心城市分工协同,将中心城市的部分产业功能按照相对优势原则分散,通过便捷的交通网络与卫星城连接,疏导人口外移,带动整个区域的集体发展。协同的过程要特别注意各个城市的合理分工,本着功能互补、资源共享、共促发展的方针来布局。

在我国首都圈的发展过程中,早期只有北京一个核心,属于单核发展模式,后来逐步形成北京为主、天津为辅、河北共进的强弱核心发展模式,天津

---

① 董微微:《首都圈发展模式与门户城市作用的国际比较》,《当代经济管理》,2015 年第 8 期。

滨海新区也是在这一大的历史背景条件下设立的。京津冀协同发展战略被提出以后,国家开始培育三级核心城市体系,把疏解首都中心城市功能与区域协同发展放在同样重要的位置,打造首都圈层整体经济社会发展增长驱动源,优化北京与都市圈内其他城市的协同关系,获得一箭双雕、一举多得的效果。除北京、天津、石家庄外,保定、张家口、廊坊、承德成为次区域中心城市,燕郊、三河、涿州、霸州、张北等是三级中心城市。层级不同的核心城市功能定位不同,同层级的城市总体功能类似,具体分工不同。如张家口是河北地区的西北交通枢纽,华北平原生态功能和绿色农产品的保障基地,北京都市圈西北中心城市。张北是张家口地区次中心城市,主要分工是沟通坝上和坝下之间的交通物流,畜牧产品集散地。①

　　首尔都市圈的发展模式与我国类似,整个区域分为 6 个主要板块:东部区、西部区、西南区、东南区、南部区和中央区,多核化同步推进,实现协同下的共同繁荣。东部区以东豆川为中心,囊括周边的议政府、杨州、涟川、抱川,形成次级发展区块,南杨州建设成为地区文化中心和居民宜居城市。西部区将坡州发展为南北交流的节点、IT 产业为主导的高端科技城市、物流运输中心,形成沟通国家南北地区的商务、文化、科技产业区块。西南区以仁川的国际海运城市定位,作为首都圈的门户地区承担国际交流功能,培育成为与首尔连接的国际交流中心的重要组成部分。加强仁川与周边地区的安养、光明、金浦、富川、始兴、安山的产业联系,形成协同发展城市群,疏解首尔西南圈的部分功能,促进首都圈人工智能和知识经济产业带的形成。东南区以利川为中心城市,与临近的龙仁、广州、杨平和骊州组成城市群共同发展。南部区的区域中心是水原和平泽,其他城市还包括龙仁、华城、乌山、

---

①　顾朝林:《北京首都圈发展规划研究——建设世界城市的新视角》,科学出版社,2012 年,第 126～128 页。

安城、城南和义王,它们之间的城市功能互补性强,已经形成了完善的城市群系统。① 中央区就是首都城市首尔。

第二节　北京与首尔都市圈的基本情况

作者在一开始就提出了两个问题,第一节回答了第一个问题,即"首都圈和首都功能定位之间是什么样的关系?"那么,要解答第二个问题"首都圈在非首都功能疏解中能够发挥什么样的作用?"就需要从两个方面入手,一是中韩两国首都圈的基本情况,另一个是中韩两国首都圈协同发展的规划与举措。这也就是第二节和第三节将要论述的主要内容。

一、北京(直辖)市与首尔特别市

关于北京和首尔的基本情况,本书第二章第三节、第三章和第四章已经做了详细的介绍,这里就不再重复了,只是从非首都功能疏解和首都圈协同发展的研究角度出发,基于作者前文的理论和政策论述,结合实证数据,对北京与首尔作为首都圈的中心城市,对功能的迁移和分散,城市间的协同协作发挥的关键性作用做一点补充性说明。

德国学者汉斯·布洛特福格尔(Hans H. Blotevogel)在1998年提出了关于城市功能承载度的理论,并给出了具体的计算方法:用城市中某一个行业中的从业人员总量减去该城市的总人口和该行业全国平均就业率的积,得

---

① *City Planning of Seoul*,首尔特别市,http://chinese. seoul. go. kr/wp – content/uploads/2014/02/04_City_Planning_of_Seoul1. pptx.

到的结果如果大于零,说明在该城市中的这一行业高于全国平均水平,功能聚集性更高,属于具有基本功能特征的行业,用数学方程式表达如下:

$$y = m - n \times (M \div N)$$

其中,m 是城市中某一行业中的从业人员总量,n 是该城市的总人口,M 为该行业全国就业总人口数,N 为全国人口规模,y 代表结果。如果 y 大于零,表示该行业具备一定的发展潜力,有可能成为核心功能;y 小于零,说明该行业现阶段仅提供了地区性服务,还有很大的扩展空间。[①] 布洛特福格尔提出的理论和计算方法可以用来判定北京与首尔的产业发展与功能定位的耦合度,为城市的功能疏解提供科学依据。

例如,2019 年,北京市金融业从业人员总量(m)为 69.1 万人,城市总人口(n)为 2153.6 万人,金融业全国就业总人口(M)为 826 万人,全国人口规模(N)是 140005 万人。[②] 根据布洛特福格尔的方法来计算,得出的结果(y)是 56.39(保留两位小数),远远大于零,说明金融业是北京的重要功能,也是全国金融中心之一,可以作为协同行业在首都圈内布局发展。我国学者肖周燕、王庆娟、张可云、董静媚等人都对此做过相关研究,对行政、农业、工业、服务业、交通物流、科技创新、文化创意等行业进行了测算,得出了科学的结论,也发表了一系列成果,其中很大一部分成为制定京津冀协同发展战略重要的智力支撑。第三节论述京津冀和首尔都市圈协同发展时将会引证他们的部分结论。

---

① 张可云:《疏解北京非首都功能研究》,经济科学出版社,2019 年,第 207 ~ 208 页。
② 计算原始数据见中国国家统计局"国家数据":https://data. stats. gov. cn/easyquery. htm?cn = C01 和北京市统计局"北京统计年鉴 2020":http://nj. tjj. beijing. gov. cn/nj/main/2020 - tjnj/zk/indexch. htm.

二、天津(直辖)市与仁川广域市

如果把天津与仁川进行直接比较,会发现它们有许多相似的地方,都是首都圈门户城市、海港、省级行政单位、经济发达、人口众多等,也会发现它们有些方面没有可比性,如辖区面积,天津的总面积 11966 平方公里,仁川 1063 平方公里,差距很大,单纯比较这两个指标,意义不大。天津和仁川的比较可以更多地从参照系统进行,如天津在中国国内的地位与仁川在韩国国内的地位比较。仁川是韩国国内第三大城市,仅次于首尔和釜山,天津在我国却并不在"一线"城市行列之中,与北京、上海、深圳和广州之间也有着较大的差距。此外,从后文对天津和仁川基本情况的论述也可以看出,天津的发展定位与仁川也不一样,天津是"节点"城市,立足我国北方和全中国,时时刻刻都在强调要用好这个优势,仁川则是"东北亚国际城市"和"区域经济中心"。

(一)天津(直辖)市

在《京津冀协同发展规划纲要》中,对天津市的定位是"全国先进制造研发基地、北方国际航运核心区、金融创新运营示范区、改革开放先行区"。天津是我国的国家中心城市和重要的首都圈门户城市,在行政级别上属于省级单位,与北京、上海、重庆并列,是全国 4 个直辖市之一,辖区总面积达 11966 平方公里,海岸线长度为 154 公里,属于典型的海港城市。天津在首都圈内优越的地理位置使其成为中俄蒙经济走廊、亚欧大陆桥、"一带一路",特别是海上丝绸之路的重要节点。截至 2019 年,天津全市常住人口为 1562 万人,其中,城镇人口 1304 万人,城镇化率为 83% ,高于全国 60.6% 的平均水平。历史上的天津与邻近的河北颇有渊源,其所在区域从隋朝大运河开通后逐步发展起来,一直归属于幽云地区,作为连接南北方的物流中心和军事重镇,一直发挥着重要的作用。1860 年开埠以后,天津的地位进一步增强,西方帝国主义金融资本涌入天津,使其成为我国北方重要的经济中心和洋务运动基地,超越当时直隶的省会保定。到清朝末年,直隶总督一般在天津办公,冬天海港冰冻时再回到保定。其后,天津多次成为河北省省会,中华人民共和国成立后,几经变更,天津作为直辖市①的地位最终稳定下来,一直延续至今。

天津作为首都圈中的主要城市,也是中心城市之一,其个性优势主要有 3 个方面:②

第一,产业优势。2019 年,天津 GDP 总值为 14104 亿元,三大产业比值为 1:35:64。③ 从具体的产业发展来看,第一产业农业生产持续保持稳定,现代都市型农业加速进步。第二产业工业总体平稳向好,建筑业缓步增长。第三产业服务业势头良好,居民消费市场基本稳定,大众餐饮行业持续活跃。

第二,公共服务优势。天津在教育、医疗、科技、交通等公共服务产业和基础设施供给上比较发达。如高等教育领域,天津有南开大学和天津大学 2 所"一流大学",南开大学、天津大学、天津医科大学和河北工业大学 4 所"一流学科"建设高校,数量和质量都高于全国平均水平,更是远远超过邻近的河北省。

第三,滨海新区。天津市滨海新区在 2005 年 10 月召开的中国共产党第十六届中央委员会第五次全体会议上被纳入国家整体发展战略。2006 年 5 月,国务院正式颁布《关于推进天津滨海新区开发开放有关问题的意见》。

---

① 天津政务网:《天津概况》,天津市人民政府,http://www.tj.gov.cn/sq/.

② 孙久文等:《京津冀协同发展的重点任务与推进路径研究》,北京教育出版社,2018 年,第 20 ~ 22 页。

③ 天津政务网:《经济发展概况》,天津市人民政府,http://www.tj.gov.cn/sq/tjgk/jjjs/jjfzgk/.

2009 年 11 月,天津撤销了原有的塘沽区、汉沽区和大港区行政编制,设立滨海新区。2010 年 1 月,天津滨海新区正式挂牌。经过十多年的发展,滨海新区已经成为我国北方地区的对外开放门户和航运中心、高端制造业产学研一体化基地、国际物流中心。在京津冀协同发展战略提出后,滨海新区又成为实现战略目标的重要支撑,是主要的非首都功能疏解迁入地,承接了部分国家央企、教育科研、医疗卫生和金融机构的转移,迁入各类出京项目 500 个以上。①

(二)仁川广域市

本书第二章第三节在论述朝鲜半岛三国时代时,曾经提及百济建立者温祚的兄弟沸流定居在弥邹忽,以此为中心扩展自己的势力范围,弥邹忽就是仁川最初的名称。公元 475 年,百济文周王迁都到熊津,该地区开始有了正式的行政区划,名为买召忽县。统一新罗和高丽时期改为召城县、庆源郡、仁州和庆源府。朝鲜王朝建立后,再度改称仁州,后定名为仁川郡。大韩民国建立后,随着《地方自治法》的实行,改名为仁川市,1981 年 7 月从京畿道独立出来,成为政府直辖市。1995 年 1 月,由仁川直辖市改名为仁川广域市。仁川是一个海港城市,处于汉江下游地区,面朝黄海海域,距离首尔只有 28 公里,辖区总面积为 1063 平方公里。仁川周围多山地和丘陵,主要有摩尼山、桂阳山、三角山等 10 座较大的山和若干丘陵,水系以小河流为主,如堀浦川、承基川、长寿川等,因此当地气候兼具大陆性和海洋性的特点。②

随着近些年韩国首都圈的迅速发展,仁川将城市定位为"东北亚国际城市"、首都圈门户城市和重要的生产基地。仁川在城市规模、人口数量、GDP 总量、人均财富和产业结构等方面拥有一定优势。2014 年,仁川还成功举办

---

① 《滨海概况》,天津市滨海新区人民政府,http://www.tjbh.gov.cn/channels/6252.html.
② 《一般现状》,仁川广域市,https://www.incheon.go.kr/cn/CN010102.

了大型国际体育活动——亚运会,这些都证明了城市拥有坚实的经济和社会实力。仁川的发展得益于成功的定位,选择突出个性优势,与首尔和京畿的城市错位发展。仁川充分利用了首都圈门户和海港城市的功能,优先发展出口导向型经济,从 20 世纪 60 年代开始的原料加工和劳动密集型产品,到后来的出口加工区和工业园,发展为现在的石油化工、机械电子、钢铁等生产基地。同时,仁川利用自身在首都圈独特的位置,积极打造东北亚物流中心。仁川港,轨道交通、国际机场、高速公路和露天仓库等公共基础设施的建设和完善使仁川不仅成为韩国国内重要的物流运输中心,在整个东北亚地区也占有一席之地。例如,仁川国际机场在 2020 年竣工后的客流量突破 1 亿人次,货物达 700 万吨。[①] 仁川还抓住首都圈发展的机遇,积极对接首尔的非首都功能疏解,调整自身的产业结构,巩固城市功能定位,促进首都圈的协同发展。2003 年 8 月,松岛、永宗、青罗被划定为仁川经济自由区,该区域计划建设期为 2003 年至 2020 年,总面积 133 平方公里,包含仁川国际机场和港湾地区,最终目标是将仁川建成东北亚经济中心。其中,松岛主要发展商贸、信息和生物技术,永宗负责物流和旅游业,青罗则是金融、高端技术产业和观光休闲。[②]

三、河北省与京畿道

同天津和仁川的比较一样,河北省和京畿道的对比既有绝对性的一面,也有相对性的一面。从绝对性来讲,河北比京畿面积大、人口多、产值高,这与两国的自然和地理条件存在巨大差异有关,比较得出的是直观结论。而

---

① 倪鹏飞、[美]彼得·卡尔·克拉索:《全球城市竞争力报告》(2009—2010),社会科学文献出版社,2010 年,第 225 ~ 226 页。

② 《IFEZ 概念》,仁川经济自由区,http://www.ifez.go.kr/chi/ivi001.

相对性比较来看,更能说明需要探求的问题。河北与京畿都是围绕首都地区,旁边都有一座海港城市,都拥有丰富的人力资源和合理的人口结构,这些都成为本地区在首都圈协同发展中的区位特色和个性优势。河北在京津冀城市群中经济实力最弱,在全国也属于一般水平,京畿的经济实力和增长前景都优于首都,是首尔城市群甚至全国第一。在产业结构上,河北的农业和工业合在一起,才能与服务业平分天下,说明第一和第二产业所占比重稍大,第三产业还有巨大的发展空间,京畿的第三产业非常发达,特别是高端服务产业,在工农业方面也已经升级换代,现代化水平高,科技含量高,产出效率高。对于河北省而言,更多地是需要向京畿道学习它的功能定位、承接疏解功能和协同发展等工作中的思路、方法和执行力。

(一)河北省

在《京津冀协同发展规划纲要》中,对河北省的定位是"全国现代商贸物流重要基地、产业转型升级试验区、新型城镇化与城乡统筹示范区、京津冀生态环境支撑区"。河北省的大多数地区处于华北大平原之上,总面积约 19 万平方公里。西、北两面是太行山脉和燕山山脉,东面是渤海海域,与北京、天津邻近。战国时期属于燕国和赵国管辖,至今还有"燕赵故地"的称呼,元明清时期是京畿重地,为中书省、北直隶、直隶所管辖。截至 2019 年,河北省人口规模达到 7592 万人,位居全国第 6,仅次于广东、山东、河南、四川和江苏。[①] 河北省属于温带大陆性季风气候,温度适宜,四季分明,降水较为丰沛,加上广阔的平原地区,使得河北的农业较为发达,而太行山区也形成了科技扶贫的"太行山道路"发展模式,邢台岗底苹果、绿岭核桃、张家口白菜等农副产品闻名全国。京津冀协同发展战略确定后,河北进行了产业调整,对接北京非首都功能疏解,和北京、天津组成协同联盟,重点发展现代服务

---

① 《河北省》,维基百科,https://zh.wikipedia.org/wiki/河北省.

业、新能源与环保、半导体照明等高科技产业、旅游休闲等,对既有的钢铁和煤炭等传统产业也用国际产能合作、产业聚集等方式实现了升级换代。

基于河北省的自然、历史条件和近年来的发展趋势,对照天津的情况,作者认为河北省也具有自身的 3 大优势:①

第一,区位和产业优势。河北邻近北京和天津,产业密集且功能齐全,省会石家庄是我国北方重要的交通枢纽,唐山、邯郸、保定等城市拥有一批全国知名的重要企业。2019 年,全省 GDP 总额达 35105 亿元,人均 46348 元,三大产业比例为 10∶40∶50。②

第二,自然和社会资源优势。河北省资源非常丰富,主要有矿产、新能源、海洋、生物和水资源等。例如,河北可开采的地热资源就相当于 93. 83 亿吨标准煤。此外,河北还拥有丰富的旅游休闲资源,如金山岭长城、清东陵和西陵、避暑山庄、北戴河等,还有西柏坡红色资源,沧州武术、吴桥杂技等人文资源。

第三,公共服务优势。河北在公共服务上与北京和天津有着一定的差距,但地理上的便利加上京津冀协同体制的保障,河北在公共服务上的优势日益凸显。在科技方面,河北在省级以上技术工程、研究、示范、专项等中心的建设规模和质量居于全国中上等水平。在教育方面,河北虽然缺乏在全国具有重要影响的高等院校,但充分利用了北京和天津的优势资源。特别是在保定和廊坊等邻近北京和天津的城市就有一些驻京津的高等院校设立了分校或校区,共享优势教育资源,如保定的华北电力大学、秦皇岛的东北大学秦皇岛分校。此外,在基础教育和中等教育上,河北也有着以衡水中学

---

① 孙久文等:《京津冀协同发展的重点任务与推进路径研究》,北京教育出版社,2018 年,第 20 ~ 25 页。

② 《走进河北》,河北省人民政府,http://www. hebei. gov. cn/hebei/14462058/14462085/index. html.

为代表的一批学校创造出不俗的成绩。在医疗卫生方面,河北的医院、乡镇和社区卫生服务站、养老院及行业从业人员都有较高的水准。2016 年,《京津冀民政事业协同发展合作框架协议》正式启动,北京户籍的老年人可以在天津和河北指定的养老院养老,享受医保报销等在京同等待遇。此举推动了京津冀民政事业的协同发展,利用河北闲置的养老资源,实现了共享和共赢。

除此之外,河北省还有一个巨大的优势——雄安新区,详细内容在本书第四章的第三节中已有论述,此处不再赘述。

(二)京畿道

"京畿道"是一个富有韩国传统文化特色的地理名称。在古代东方国家,首都周围地区会被称为"京畿","道"是高丽和朝鲜王朝时期常用的地方行政单位名,类似于我国的省级行政单位。京畿道环绕整个首尔地区,毗邻仁川,位于朝鲜半岛中部,辖区总面积 10189 平方公里,约占韩国总面积的10%。[①] 东北面属于山区,西面是黄海海域,东南面是广阔的平原地带,北面邻近三八线。汉江流经全境,将京畿道分为江北和江南两个部分。由于特殊的地理位置,加上气候温和,水量充沛,土地肥沃,这里在从旧石器时代起就有人类生存繁衍。公元前 2 世纪前后,京畿地区属于马韩国家联合体,大概有 10 个小国分布在此地,此后一直是一个重要的军事战略要塞,其后归属百济管辖直至公元 5 世纪中叶,所在地区先后被并入高丽和新罗。统一新罗时期,京畿成为韩山州的辖区。王建建立高丽后,开城作为首都的地位使得附近地区一跃成为政治舞台的中心。公元 995 年,高丽世宗在开京附近设立六赤县和七畿县,后又将两县合并,称呼首都外围区域为"京畿"。公元 1026 年,"京畿道"这一名称被正式使用,此后虽然辖区面积有增有减,偶尔变化,

---

① 《关于京畿道·行政区域》,京畿道政府,https://chinese.gg.go.kr/administrative-districts/.

但名称基本固定不变,被确定下来。朝鲜王朝定都首尔后,重新调整了京畿道管理的辖区,基本形成了今天京畿道的雏形。

　　京畿道与首都首尔特别市和海港城市仁川广域市共同构成了韩国的商务和产业中心地区。京畿本身具有许多优势,产业部门也比较齐全,覆盖农业、制造业、高新科技产业等多个方面。京畿具有丰富的人力资源。截至2019 年 5 月,常住居民总量为 1355 万人,15 岁至 64 岁主要劳动力群体的人口比例为 72% ,共有约 972 万人。京畿、首尔和仁川的总人口占比超过全国人口总量的 50% 。[①] 随着近年来首尔疏解非首都功能,对人口进行分散,首尔的人口总量开始持续减少,而京畿的人口一直在增长。京畿还有着扎实的经济基础。根据 2017 年的统计数据,京畿道的 GDP 总量和增速均为全国第一,其中,GDP 总量为 3793 亿元,高于当年首尔的 GDP 总量 3396 亿元,是第 3 名忠清南道(971 亿元)的近 4 倍。

　　在此基础上,京畿道的区域功能定位主打经济牌,力主建成韩国经济中心和东北亚物流中心。2019 年,京畿道地区经济活动人口、工厂数量、国际交易规模和风险企业数量都居于全国第 1 位。其中,工厂 68681 家,占全国总量的 36% ,[②]超过三分之一。三星、现代起亚、LG、SK 海力士、3M、博世、西门子等跨国公司都在此地有投资项目。京畿特别注重与首尔和仁川的协同协作,在高端科技制造业、金融服务、新能源、文化创意等产业上形成了以板桥、光教、安山、东滩四大科技谷为中心的创意产业集群。板桥科技谷主要集中了软件、信息和生物技术产业,吸引了巴斯德研究所等世界知名机构入驻。光教科技谷是高新科学技术的研发基地,这里汇集了信息、生物、纳米、网络等高端科技企业。安山和东滩科技谷以生产、教育、研究和管理等科技

---

① 《关于京畿道·人口》,京畿道政府,https://chinese.gg.go.kr/population/.

② 《关于京畿道·经济》,京畿道政府,https://chinese.gg.go.kr/economy/.

创新产业集群为主,有超过 200 所的大学、科研机构和企业入驻,包括韩国电气研究院等国家级科研机构。

第三节　首都圈协同发展的规划与举措

中韩两国对首都圈协同发展有一个从无到有,从偏到全的认知过程。世界上大多数国家在首都建设的早期都崇尚"全能型"首都,由政治功能产生的功能聚集效应非常明显,随着时间的推移,首都的承载力趋于极限,城市病也愈发严重,人们觉察到任何城市都不可能做到"全能",合理的功能定位才能永续发展。北京与首尔也经历了这样一个发展过程,改变了首都建设的"全能"模式,转而确定核心功能,疏解非核心功能。但是早期的疏解重点在人口分散和工业迁移,属于"头疼医头,脚疼医脚"式的治标不治本方案,迁出功能一般落在了首都附近的城市,加剧了这些地方的资源紧张和环境污染,没有完全达到预期目标,有时反而加剧了地区之间的矛盾。实践中的经验和教训使得中韩两国政府认识到,单纯只有非首都功能疏解,没有首都圈地区的协同发展,最终还是解决不了首都的城市病。于是,两国都走上了首都圈协同发展的道路。

疏解非首都功能成为我国京津冀协同发展战略的一部分,也就是目的之一,而京津冀协同发展也就是人们苦苦寻求的,根治城市病的最好方案。韩国将首尔都市圈作为一个整体制作规划,根据实际情况发布国土规划和首都圈重组计划,将首尔的中心功能做适当调整,精简组合,共享优势资源,进行了自己的探索,取得了一些实际成果,它们的经验值得北京学习和借鉴。中韩两国的实践活动实际上也是对"首都圈在非首都功能疏解中能够发挥什么样的作用?"这一问题作出了自己的回答。

一、首都圈发展战略与建设目标

《礼记·中庸》中说:"凡事豫(预)则立,不豫(预)则废。"首都圈发展是国家经济和政治生活中的重大事件,必须做好事前谋划,运用科学的方法制定详细计划。中韩两国对于首都圈地区规划的传统由来已久。我国从20世纪50年代开始就有华北经济协作区,80年代建立环渤海地区市长联席会,直至京津冀协同发展战略出台。韩国从20世纪60年代开始对首都圈地区进行规划和控制,在80年代和90年代分别制定了两次首都圈重组规划,其后延续下来,每隔一段时间就会制定新的规划。进入21世纪后,两国对首都圈的建设也从单一的疏解非首都功能上升为整个地区的协同发展。

协同是一项系统性、科学性和协调性的工作。根据哈肯的协同理论,系统内的子系统之间的联合作用会产生宏观尺度上的结构和功能,也就是说,在系统相对稳定的情况下,通过自身的内部协同作用,可以达到时间、空间和功能上的有序结构,实现优化。协同作用实际上是这种结构形成的驱动力,其作用机制是当外力达到一定临界值时,子系统间开始产生协同作用,随之发生从量变到质变的转化,产生协同效应。[1]

用协同理论来分析中韩首都圈的协同发展,将北京和首尔简化为变量子系统A,以"首都"代称,天津和仁川是变量子系统B,以"海港城市"代称,河北省和京畿道是变量子系统C,以"资源地区"代称,变量Y是序参量[2],用"非首都功能疏解"和"首都圈协同发展"代称(图3)。Y和A、B、C之间的

---

[1]　李琳、刘莹:《中国区域经济协同发展的驱动因素——基于哈肯模型的分阶段实证研究》,《地理研究》,2014年第9期。

[2]　序参量是一个变(参)量,用以解释系统变化的过程和机制。序参量在系统中从无到有产生,并指导新的结构形成,反映新结构的有序程度,它不占据支配地位,是子系统集体作用的宏观整体模式。

关系是相互的,Y 是由 A、B、C 之间的相互作用而产生,Y 也在临界状态下支配着它们。非首都功能疏解也好,首都圈协同发展也好,都是首都、海港城市和资源地区集体运动和相互作用的产物,这种相互作用就是协同,形成后就成为它们的控制中心。京津冀协同支配着北京、天津和河北的行为,决定了系统的有序结构和功能行为,主导着整个系统的演化过程,韩国首都圈的规划和建设也是同样的道理。这种协同作用首先体现在两国首都圈发展战略与建设目标上,其次是首都圈建设的具体措施。

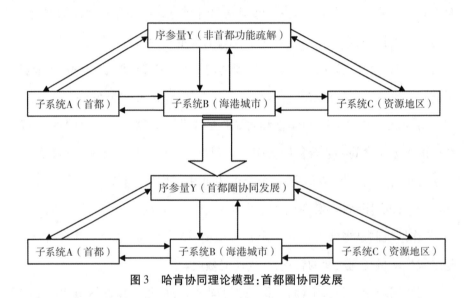

图3　哈肯协同理论模型:首都圈协同发展

（一）京津冀协同发展战略

首都圈协同发展的计划在我国已经有近40多年的历史,其间几经波折。早在新中国成立初期,中央政府把全国划分为东北、华北、西北、华东、中南、西南6个大行政区,同时兼具经济功能。1954年撤销行政建制后,又在1958年成立了东北、华北、华东、华南、华中、西南、西北7个大的经济协作区,每个协作区都有独立的协调和办公机构。其后有所反复,但首都地区都属于华北经济协作区。协作区的主要工作是提出发展规划和重点项目,协同功能并没有充分发挥出来。1986 年,在时任天津市长李瑞环的倡议下,渤海地区 15 座沿海城市的市长发起"环渤海地区市长联席会",后逐渐发展成为"环渤海区域合作市长联席会",为首都圈地区建立起最早的协同机制。2004 年,在国家发改委牵头下,京津冀三地发改委在廊坊召开会议,达成共识,举行了环渤海合作机制会议,并草拟合作协议,首都圈地区的合作构想走向具体实践。2010 年,按照"8 + 2"模式①拟定的《京津冀都市圈区域规划》正式上报国务院。2011 年,"打造首都经济圈"写入国家"十二五"规划纲要。2013 年 5 月和 8 月,习近平分别视察天津和河北,提出社会主义现代化的京津"双城记"和推动京津冀协同发展。2014 年,国务院正式成立京津冀协同发展领导小组,首都圈协同协作有了顶层设计。2015 年 4 月,在习近平主持下,中共中央政治局审议通过《京津冀协同发展规划纲要》,首都圈的协同发展步入快速发展轨道。

从协同理论来看,首都圈建设原来的序参量 Y 是"非首都功能疏解",在京津冀这个系统内,所有的变化都围绕着它,当临界被突破后,这种协同难以为继,国家构建了新的序参量 Y,也就是京津冀协同发展。《京津冀协同发展规划纲要》是由中央财经领导小组(现为中央财经委员会)召开专门会议研究,中共中央政治局会议审议通过的,足见中央政府对其的重视程度。《京津冀协同发展规划纲要》及其后制定和发布的一揽子配套法律、法规和文件共同构成了京津冀协同发展战略规划体系。

京津冀协同发展主要是"硬件"和"软件"这两个"一体化"的问题。硬件是产业、项目、资源的一体化,软件是管理、服务的一体化。实现两个"一体化"的重点方向是功能定位、疏解非首都功能、调控人口、生态功能修复、

---

① "8 + 2"模式包括北京、天津两个直辖市和河北省的石家庄、秦皇岛、唐山、廊坊、保定、沧州、张家口、承德 8 个地级市,几乎囊括了京津冀地区。

交通网络建设和资源合理配置。实现两个"一体化"的基本路径是整体谋划,顶层设计。例如,《京津冀协同发展规划纲要》将京津冀区域的整体定位为"以首都为核心的世界级城市群、区域整体协同发展改革引领区、全国创新驱动经济增长新引擎、生态修复环境改善示范区",这就是现阶段的序参量 Y。此外,北京、天津和河北也有着自身的功能定位,三者之间相互错位,体现个性优势,避免资源浪费和恶性竞争,能够实现协同协作。

(二)首尔都市圈均衡发展

首尔都市圈早期规划都是围绕首尔进行的,主要目的是扩充首都辖区和发展经济,后来转变为分散人口和疏解功能。1949 年,政府决定将京畿道高阳市的崇仁面、独岛面、恩平面、始兴郡东面等 45 个里并入首尔。1963 年,首尔附近的 5 个郡 84 个里划入。1973 年,京畿道高阳郡神道面的旧把拨里、津宽内里、津宽外里也被并入首尔。① 从 20 世纪 60 年代开始的首尔扩展计划伴随着韩国经济的快速发展。政府制定了《首尔 10 年计划》《首尔基本城市规划》等文件,计划在首尔南面新并入的土地上建设新城区,重点建设对象是江南区和汝矣洞,计划建成城市副中心,用以分散城区居民人口。无奈城市的扩展跟不上人口增长的速度,首尔南面的新城区也逐渐人满为患,随之而来的是一系列城市病问题。为此,韩国政府开始以首都圈为整体进行规划和建设,1982 年、1994 年和 2006 年,政府相关部门进行了三次首都圈重组规划。

1972 年,韩国政府颁布《第 1 次国土综合开发规划》,开始分散人口,治理城市里的环境和交通问题,取得了一定的成效。不过,有限的效果很快被快速的城市化冲淡抹平了,因此,《第 2 次国土综合开发规划》于 1982 年制

---

① 《行政地区变迁》,首尔特别市,http://chinese. seoul. go. kr/首尔市厅/行政沿革/2 – 行政地区变迁/.

定,以首都圈协同发展为目标的《第1次首都圈重组基本规划》也在同年颁布。《第1次首都圈重组基本规划》以整体观念对首都圈进行了功能划分,分为转移促进区、限制调整区、开发诱导区、开发保护区和自然保护区5个部分。[①] 按照相应标准和政策,用政府行为对不同区域采取差别性对待,使用保护加控制的办法解决首都圈的城市病,实现协同协作的目标。

20世纪90年代,世界经济形势起伏不定。一方面,信息时代的到来促进了经济全球化,另一方面,以金融为标志的世界性经济危机席卷全球。在此背景下,原有的政府规划和管理模式已经不能适应新的情况,韩国政府在1992年颁布了《第3次国土综合开发规划》,1994年完成了《首都圈重组规划修订法》,1997年制定《第2次首都圈重组规划》。此次重组规划放弃了以往严厉的管治方式,改为宏观上的总体调控加政策执行的灵活度,首都圈由5个部分缩减为3个部分:过密控制区、发展管理区和自然保护区。首都圈的建设由单一的"限制"转变为多样化引导,实施"总量控制""分配制度""拥堵收费"等措施,手段也从单一的行政方式转变为行政、市场、法律等多种方式结合的"组合拳"。

21世纪后,经济全球化下的城市竞争进一步加剧,地方分权趋势愈发明显,法律法规的系统化、体系化呼声高涨。为顺应时代需求,韩国政府制定了《第4次国土综合开发规划》和《第3次首都圈重组规划》,并相应出台了一揽子配套计划,如2000年的《京畿2020:前景和战略》、2004年的《2020首都圈广域城市规划》、2005年的《首都圈发展综合对策》等。本次规划的目标有4个,即建设具有世界先进水准的首都圈、所有城市共享共荣的首都圈、成为东北亚经济中心的首都圈、可持续的首都圈治理体系。主要发展战略

---

① [韩]申润秀、金锡载:《首尔首都圈重组规划解析》,胡京京编,《城市与区域规划研究》,2012年第1期。

方向也是 4 个:稳定首都圈地区人口数量、改善民众生活并提高质量、强化地区整体竞争力、合理改善首都圈既有政策。①

二、首都圈建设的具体措施

发展战略与建设目标是对未来的展望和规划,具体措施是对其落实的关键一步,也是推动协同作用的核心。图 3 表明 Y 在临界状态下支配着 A、B、C,以我国为例,现阶段实施的京津冀协同发展对北京、天津和河北产生影响,是序参量(Y)反映着整体结构的有序程度,具体到结构之中,协同作用体现在方方面面。例如,在中韩首都圈的产业分布上,圈内城市普遍有产业投资方向模糊和定位缺乏战略思维的问题,中小型城市尤为突出,其结果就是产业结构不合理、重复建设、恶性竞争、生产力水平低下、产品附加值少等。从协同理论来讲,需要从序参量(Y)出发,重点关注产业定位。首先,政府要统筹观念,选择发展前景好,赢利高和效益大的产业,重点投资。其次,对首都圈内不同个性优势的城市,将产业市场进一步细化,选择与所在地方优势资源相匹配的价值链环节,或巩固既有的、或形成新的该地的个性优势。最后,在首都圈整体和圈内城市个体这两个主体上形成科学合理的产业结构和分布,以便保障资源的有效配置,并分散经济和政治风险。②

(一)国家引领下的重大工程

在协同协作的总体大目标下,自从 2015 年 4 月《京津冀协同发展规划纲要》制定完成后,在国家的引导和协调下,中央和地方每年都有详细的分解任务。京津冀协同发展已经在交通、旅游、生态环保、现代农业、土地开发、

---

① [韩]申润秀、金锡载:《首尔首都圈重组规划解析》,胡京京编,《城市与区域规划研究》,2012 年第 1 期。

② 李汉卿:《协同治理理论探析》,《理论月刊》,2014 年第 1 期。

信息科技、社会保障、航空联动等方面①取得一定进展。以 2019 年为例,主要在 4 个方面取得了重要成就:

第一,京津冀三地功能定位日益明确和巩固。北京以政治、国际交往、文化和科技创新中心建设为己任,制定了相关计划和细则,在管理机制、活动组织和实体建设上都比上一年度有所进步。天津以"一基地三区"定位为准,重点攻关先进制造业、人工智能、航空和高端服务产业。河北"三区一基地"功能定位日益明晰,全国现代商贸物流基地初具规模,第三产业所占比重有所增长,冀北地区生态功能进一步增强。

第二,非首都功能疏解成效显著。北京作为功能疏解迁出地区,在辖区范围内严格控制非首都功能相关产业和用地计划,迁走一般制造业单位近 400 家,传统市场和物流企业 66 个,新增腾退土地面积 855.9 万亩。北京城市副中心开始建设与搬迁后,35 个市级机关和 165 个行政单位完成搬迁。天津积极承接北京迁出功能,滨海新区建设的滨海-中关村科技园本年度(2019 年)新增注册企业超过 500 家,宝坻区的京津新城采取政府引导加市场运营的模式,各项工作均按预期胜利完成。河北利用地理和资源优势,作为北京和天津城市功能的主要迁入地区,接收京津地区单位共 964 个,相关产业投资增长了 16%,雄安新区的产业集群建设与区域协同同步开展,吸引了一大批企业、学校、医院等机构入驻。

第三,协同布局高端产业,创新动力内驱增强。京津冀产业结构在 2019 年实现了优化升级,整个地区的三大产业比例为 5∶28∶67,第三产业占 GDP 总量的比值较上一年度提高近 6 个百分点。北京在高端制造业和服务业上的增长尤为突出,分别达到近 10% 和 6%。天津的新兴产业,特别是智能制造和高端服务业,增长数值都在 10% 左右,部分领域接近 20%。河北新动能

---

① 《京津冀动态》,京津冀协同发展联合创新中心,https://icjcd.pku.edu.cn/jjjdt/index.htm。

聚集效应带来的战略性工业产值也增加了 10% , 如风能、轨道交通设备等。此外,北京、天津和河北的创新能力也大幅提升,各类科技园区、信息和生物技术企业快速增长,相关产值也有较大规模的增加。

第四,协同成果共享,民众幸福感提升。京津冀协同发展的最终目标是要为民众谋福利和幸福,缩小区域之间的差距,实现整体均衡发展。2019年,京津冀三地民生项目不断改善,公共服务协同合作持续深化。北京、天津和河北人均可支配收入达到 67756 元、42404 元和 25665 元,增幅分别为 8.7% 、7.3% 和 9.5% ,民众劳动获得感和生活幸福感持续提升。三地生态功能修复工作成效显著,北京实现污水治理行动目标,天津和河北地表水优良品质比例均超过 50% ,大气质量改善,雾霾天气减少,"蓝天白云"成为日常现象。在基础设施和公共服务体系建设上,三地交通网络融会贯通,"断头路"数量减少,新的高速公路和铁路或开通,或开始建设。京津冀还加强了在教育、医疗、养老等领域的协同合作。①

(二)市场主导下的协调行动

同我国主要依靠国家引领、多元参与和经济调控来促进首都圈协同合作不同,韩国早期虽然也采用这一手段,但受制于国家的资本主义性质,政府转而使用市场主导、国家协调和法律监管的方式。

韩国首都圈的协调发展也很注重顶层设计,成立了国家均衡发展委员会、②首都圈整备委员会、首都圈区域经济发展委员会等组织来协调和统筹相关工作。如首都圈整备委员会由总理担任委员长,委员由各部部长、首尔市长、仁川市长、京畿道知事出任。2009 年成立的首都圈区域经济发展委员会负责首都圈内部的经济合作事宜。韩国政府主导了 4 次国土综合开发规

---

① 北京市统计局:《京津冀协同发展》,北京市人民政府,http://www.beijing.gov.cn/renwen/bjgk/jjj/ghgy/202007/t20200723_1956512.html.

② 国가균형발전위원회:http://www.balance.go.kr/.

划和 3 次首都圈重组规划,基本实现了首都圈内部、首都圈内外和全国的协同建设与发展。在顶层设计和规划体系的指导下,韩国首都圈协同发展在 3 大方面有突破性的进展:

首先,寻求突破口,牢固首都圈内外联系,扎实做好协同发展工作。韩国政府通过建设交通和物流系统来连接首都圈内外,提升内—内和内—外之间的协同协作水平。例如,2009 年,韩国打破首都圈内壁垒,统一公共交通收费系统,实现了收费和分配的一体化,带动公共交通系统沿线地带的开发和经济发展,不仅形成产业集群,促进就业,还令民众增加了绿色出行比例,减少了环境污染。

其次,利用首都圈内既有资源,积极发展文化、旅游、休闲等第三产业。韩国政府大力开发与韩国传统文化有关的历史资源,如古城、旧居、遗址等,推广韩国现代流行文化,助推"韩流"在海外开拓市场。位于首尔市内的韩国放送公社(KBS)、韩国文化广播公司(MBC)、首尔广播公司(SBS)、CJ E & M 有线电视综合娱乐频道(TVN)等都是重要的"韩流"输出平台。仁川也利用会展、文化和旅游三大优势平台,将三者有机融合,促进综合效应的发挥,包括联合首尔,推出 4 小时短暂游的安排,为在工作期间逗留仁川的商务人士提供便利的旅游服务。

最后,倡导绿色经济,修复首都圈的生态功能。首尔、仁川和京畿建立了三地对空气质量、能源利用、垃圾处理等维护生态功能的协同机制,统一规划城市绿化与公共休闲区域建设。其中,仁川努力成为国际环境城市,创建绿色金融和环境技术,积极引进联合国绿色气候基金(GCF)组织秘书处落户本地。首都圈内城市在《改善首都圈大气环境特别法》的统一指导下,就细则各自立法予以实施,如仁川就制定了《改善大气环境计划》。①

---

① 田香兰:《韩国首都圈的协同发展》,《中国社会科学报》,2014 年 8 月 13 日。

哈肯的协同理论认为,任何协同行为都是在统一目标指引下的共同行为,协商和博弈的过程是必要。序参量指导下的结构形成后,协同行为促进协同效应,最终形成良性机制。但序参量和子系统,子系统和子系统之间持续互动,会有一些问题产生。如果能妥善解决,协同行为将持续下去,如果不能,整个系统处于临界状态,一旦最终突破,就要形成新的结构体系。就韩国首都圈协同发展战略的具体措施而言,作为资本主义国家,市场机制势必在此过程中发挥主导作用,但市场经济中难免出现竞争,协同各方之间是否会因为短期利益而违背协同原则? 首尔、仁川或京畿是否会为了吸引某些高端产业投资或入驻而采取诸如提供低利率贷款的政策,罔顾整体的愿景规划? 因此,协同中的序参量需要有超越子系统的第三方存在,以此来协调、调控和斡旋各方的行为。现在来看,超脱于首尔、仁川和京畿的第三方是由中央政府充当,但韩国的制度设计能否确保持续性,有待后续观察。

三、两种首都圈建设模式的比较

中韩首都圈建设都取得了一定的成效:非首都功能按照既定规划顺利梳理疏解,核心功能中的次要方面也实现了合理布局。产业协同协作的势头发展良好,第三产业所占比重持续上升。首都人口被科学分散,增加速度减慢或已经开始减少。首都圈地区交通网络基本形成,便捷的交通促使公共服务共享成为可能。生态功能修复和环境保护取得重大进展。首都圈的聚集程度有所缓解,并有希望继续向着均衡化的方向迈进。以京津冀地区为例,2019 年,16 家北京医院与 26 家河北医院展开合作,涉及 31 个项目,京津冀三地的 411 家医疗机构[①]实现检验结果和检查资料互认、共享。三地在

---

① 《2019 年图解京津冀关键数据》,京津冀协同发展数据库,https://www.jingjinjien.com/.

环境保护、教育培训、就业等多个领域制定了协调发展规划,开展具体合作。今天的成绩会成为昨日的历史,明天还有更多的挑战,北京与首尔都市圈的协调发展任务依旧任重道远,还有许多尚待完善的地方。相较于韩国首都圈的协同历史,京津冀协同发展起步稍晚,通过比较,相关部门能够从中收获经验,利于今后的长远建设。

首先,北京与首尔是中韩两国首都圈的核心城市,纵然国土面积差距很大,但人口数量、经济规模、城市功能与定位、文化影响力、都市聚集程度等都具有可比性。仁川和京畿与天津和河北在绝对比较上如同北京一样,也是差距较大,但地理分布、区位优势和功能定位等方面是可以对比的。此外,两国的首都圈建设思路也走过了类似的历程,都是从疏解首都功能入手,分散首都人口、迁出污染大的工业企业、治理城市病是最初的目的,后来发展为首都圈的协同与协作。中韩首都圈建设的相似之处还在于,已经从单一的数量控制转为追求高质量的品质。原来仅仅是迁出多少数量的人口,迁走多少家重工业企业,现在是引进或开设了什么样的高端制造业,创造了什么样的先例。北京与首尔都划分不同功能区实施针对性管理,例如,哪些区域是生态功能区,哪些领域是限制性开发区域。

其次,中韩两国首都圈建设的重点是经济,尤其是类型经济的布局和协同。在首都圈经济形态分布上,首尔的服务型产业占比大、成熟度高、高端服务业发展良好,北京的服务业发展速度快,科技服务业崭露头角。以跨国公司为代表的总部经济方面,首尔入住率高,尤其是世界 500 强企业,北京入驻率偏低,甚至连中国 500 强企业的总部入驻率都不到 20%(2011 年),当然,这主要是因为北京并未将自身定位为经济中心。首尔都市圈知识经济的特点是基础教育非常发达,而北京则是高等教育和科研的支出量大。韩国绿色经济已经呈现出欣欣向荣的景象,整体发达,北京却还只是刚刚起步,尚有空间有待开拓。韩国首都圈内以仁川为代表的临港经济精彩纷呈,在码头总长、泊位、货物和集装箱吞吐量上都有自身独特的优势,京津冀地区的天津、唐山、黄骅、秦皇岛等还比较缺乏这方面的协作,临港经济潜力需要进一步挖掘。在临空经济、临轨经济和园区经济方面,我国的首都圈都比较发达,相较于韩国规模小、总量少的情况,是一大亮点。①

最后,中韩在首都圈建设模式的最大差别还在于政府所发挥的作用。我国在很长一段时期内对首都圈建设都是以北京需求为第一要务,政府没有能够很好地处理北京与首都、北京与天津、北京与河北之间的关系,②一味求全,造成首都圈内的区域失衡。例如,政府在布局首都圈产业分布时,我国主要照顾了北京的需要,而韩国是立足首都圈的需要。按照布洛特福格尔产业分布理论分析京津冀三地情况,北京的产业状况最好,天津只在第二产业上有一定优势,河北的问题最为严重,部分产业无法满足民众需求,三地在产业上也有大量交叉重复,不利于分工协作。相比之下,首尔和仁川、京畿之间产业结构差异明显,第一产业占比都很少,首尔重点发展第三产业,其他地区则在第二产业上有所作为。③ 究其原因,北京、天津和河北地方政府在缺乏顶层设计的情况下,没有统筹行动,某些基层领导为求 GDP 高产值,不顾可持续发展的要求,引进一些低端工业,造成了环境污染、重复建设等严重的后果。④ 韩国政府正确定位,以法律和机制保障首都圈建设,细化议题和分阶段实施计划,中央政府妥善分配与地方政府的具体工作,始终坚持政府引导、市场主导,摆正了两者之间的关系。《京津冀协同发展规划纲要》实施以后,因为顶层设计和国家统筹机制的形成,加上相关保障的法律

---

① 刘瑞:《首都经济圈结构调整的国际比较》,中国人民大学出版社,2017 年,第 223～247 页。

② 张可云、蔡之兵:《京津冀协同发展历程、制约因素及未来方向》,《河北学刊》,2014 年第 6 期。

③ 江曼琦、唐茂华:《北京—天津与首尔—仁川产业结构与效率比较及其启示》,《城市发展研究》,2005 年第 6 期。

④ 闻竞:《构建"有权不任性"的保障机制探析》,《中国领导科学》,2016 年第 4 期。

体系建立,各级政府领导的优势被充分发挥出来,我国社会主义制度的优越性尽显,京津冀协同发展走上高速运行的阳光大道。

此外,在资源,特别是基础性优势资源共享方面,是中国首都圈需要向韩国首都圈学习和借鉴的,例如,韩国首都圈基础教育阶段城乡师资共享机制。韩国城乡师资共享机制是指教育者保持职务不变,只改变工作学校,实现同一工作序列和工作水平的师资共享的一种横向流动系统。

韩国城乡师资共享机制有以下几个特点:第一,全员化。全员化是指任何在职教育公务员都必须流动,即韩国城乡教师共享机制的目标是公立学校教师、学校管理者和教育管理者。第二,全境化。韩国城乡师资共享机制规定,韩国教育公务员将在全国范围内轮转。第三,常态化。只要达到法律规定的教师最长任职年限,韩国的教师队伍就需要在城乡以及学校之间进行师资共享。第四,强制性与自愿性相结合。韩国法律不仅要求教师在城乡之间共享,还充分考虑教师自身的意愿,对特殊教师也有一定的政策保障。第五,奖惩激励性。韩国的城乡师资共享机制具有积极和消极两方面的激励作用。对于遵守教师分享制度、工作条件较差的学校或偏远地区的学校教师进行鼓励,并设立奖金制度、晋升制度,这部分教师在之后的教师流转时也可以优先考虑学校。而对于那些对师资共享机制存有疑虑、态度不端正的教师则加以限制,严重者甚至需要受到惩罚。第六,区域间和学校区域层次性。韩国城乡师资共享模式是根据各地区的地理条件和文化发展情况,将地区和学校划分为若干等级(而不是教育等级)后,在不同等级(地区和学校)之间进行轮转的模式。

韩国首都圈基础教育阶段城乡师资共享的类型分为定期流动制度、不规则(不定期)流动制度、缓期流动制度(慢流制度)、特聘流动制度(专项流动制度)和跨级别、跨层次校级流动制度。定期流动制度是对在学校连续任期达到法律规定时必须在同一区域内流动的教师所实施的一种制度。即教师如果达到任期,就必须进行流动。一般规定教师持续就业时长为 2~5 年。韩国教师的定期流动一般是每年 3 月 1 日实现普通教师等人员的流动,而 9 月 1 日则为专职人员等的流动时间。韩国的法律要求是:教师必须在城乡流动,体现教师的义务。不规则流动制度是指针对尚未到达同一地区规定年限的人而实施的一种流动制度。不规则的流动制度面对的是同地区学校工作 1~2 年的教师。不规则流动制度由委托人(校长)按照规定的程序预先申请,并经相关部门批准。缓期流动制度是通过校长申请程序,对已达到在同一地区内学校的任职期限的最高水平、真正需要在同一地区学校流动的教师要求进行缓期流动的制度,教师可以继续留在学校。对缓期流动制度有以下限制:第一,先由校长申请推荐,经相关部门批准后教师方可继续在本学校任职工作。第二,缓期流动制度不是无限的,教师最多进行 3 年的缓期。第三,教师在试用期后按规定工作,其年限不计入周转期。特聘流动制度是一种充分发挥校长绝对权力,从整体上把握学校发展趋势和实际情况,可以申请聘请高素质的教师到本校或指定学校任职的流动制度。韩国师资共享流动根据学校层面分为不同的级别和层次。由于学校之间的差距,在一定程度上会以跨级别、跨层次的流动为主。如果教师享有跨级学校选岗权,必须由校长申请,经相关部门批准后,才能按照教师的意愿进行跨级流动。如果学校由于某一学科师资力量不足,需要流动教师填补空缺,为了保证学生的学习过程,可以在这样的特殊情况下实行跨级别、跨层次的流动制度。而对于已取得基础学校教师资格证的教师,不得跨级流动,只允许同级流动。

韩国首都圈基础教育阶段城乡师资共享的分配原则分为学校就业年度限制、区域内任职年份限制和教师同科资源共享。韩国首都圈的基础教育阶段城乡师资共享机制有严格的校工龄(任职年限)制度,可以用来保证实现城乡教师流动常态化。根据全国各地的实际情况,结合学校特点,韩国规定在一所学校中教师一般连续任期不得超过 5 年，教师必须在国家规定的时间内进行流动（各地的规定任职年限有所不同，有的地方规定为 4 年，有的地方是 5 年）。根据这一制度，教师在一所学校的任期达到该地所规定的就职年限后必须强制性地转去其他学校就职。韩国实行城乡教师共享机制的目的在于通过教师共享实现区域间教师供需平衡，遏制优秀教师向特定区域或学校聚集的问题，缩小师资队伍水平的差距，达到促进师资水平均衡的目的。为实现地区间教师定期转换，韩国出台了区域内任职年份的限制。所谓区域内任职年份的限制，是指根据人员区域的规定，综合考虑距离、交通、文化等地理文化因素，设立资源共享人员区域，制定工作年限标准的制度。在韩国城乡教师分享制度实施之初，是教师到达任职年限后的统一流动，并不会区分学校的类型和项目。这种流动模式引发的问题是：教师到达指定学校后各科教师供需不平衡；受不同学校类型的影响，到达新校后没有教师教授的课程岗位，或者存在必修科目教师空缺等现象。为了解决这些问题，韩国根据教学目标分别设定岗位数后，采取了同科教师之间流动的方式。

不难发现，韩国首都圈基础教育阶段城乡师资的共享机制呈现出以下特点：

第一，结合实际情况，完善流动机制。在韩国首都圈的基础教育阶段，实现城乡教师共享机制的目的在于优化教师资源结构，充分解决城乡教师发展水平的失衡，从而实现教育公平。大量的乡村教师为了追求高收益，追求更好的生活工作环境，流入发达城市和地区。韩国的做法是不断完善城乡教育共享机制，不断减少教育质量的差异，均衡配置教师，实现良性循环。而政府相关部门也会根据不同阶段的实际情况相应做出调整。由此可见，韩国对于教师的待遇保障以及流动机制的健全配套支持力度较大，对教育公平、全面、健康发展具有十分重要的作用。韩国教师改革结合国家实际情况、教师特点以及城市与农村的差距,健全和完善整体流动机制,避免盲目共享,实现动态平衡。

第二,均衡配置资源,注重人文关怀。韩国首都圈基础教育阶段城乡师资共享机制的实施过程,不仅实现了城乡之间师资的跨区域流动,还在实现师资均衡配置、公平优化的基础上综合考虑教师个人意愿,从而达到共享机制的公平、有序及效果最优化。例如,部分特殊教师因受制于自身或家庭等各方面因素的影响,会无法安心地从事教学工作,政府会在城乡师资共享政策上向这部分教师予以倾斜,这样既彰显了人文关怀精神,也让特殊教师群体能够安心参与到城乡师资共享流动中。因此,要实现教师资源的合理配置,也要考虑教师自愿的原则。如果仅仅依靠法律法规的强制执行,在一定程度上会引发教师产生不满的情绪,不利于流动的有序进行。只有将教师均衡配置的政策与教师流动性相结合,才能推动城乡师资共享机制的平稳运行。

第三,以点到面测试,经验逐步推广。韩国在不同地区采取不同类型的教师共享机制类型,实行不同的流动机制原则(包括工作年限规则等)。以首都圈开始实行城乡教师共享机制,在首尔、仁川、京畿道成功后推广到全国。实现以点到面的实验测试,逐步推进城乡教师共享机制。韩国首都圈基础教育阶段的城乡教师共享机制虽然已经比较完善,并实现了普遍实施,但在具体实施过程中也暴露出一些不可忽视的问题。如虽然实现了城乡之间的教师流动,但是忽视了需要提供或培养能够适合流转地区教育的教师。这样不仅没有促进,反而阻碍了流转地教育的自主发展。

相较于韩国的做法,中国首都圈在师资共享方面,特别是基础教育师资共享上还比较欠缺,需要进一步推进,特别是从以下几个方面:

第一,顶层设计,整体协调。针对中国城乡师资配置不合理的问题,为保障教育公平、公正,应建立有序、合理的教师资源的分配机制,推进中国城乡均衡师资共享机制。一方面,要建立完善的教师职业许可制度。用制度法律严格控制教师资格的准入,逐步对不合格的教师进行去除,为合格专职教师的流动提供空间。另一方面,要加强教师流动的针对性。各地教育局根据各地区的实际情况,选择合适的教师进行对口支持,从而提高城乡教师共享的有效性。

第二,及时总结,逐步推进。韩国的师资共享机制是在首都圈开始实施,在首尔、仁川、京畿道成功后,逐步推广到其他地区。中国在师资共享机制的尝试上也可以采取划分区域等级的措施,根据当地实际情况,对一些地区师资进行流动共享。韩国师资共享机制根据当地实际情况在各地方、各级教育部门开展,使用不同类型、不同分配原则。同时,韩国教师共享机制在操作过程中不仅做到了关注教师合理化,均衡了学校间的师资配置,也充分尊重教师的意愿。而中国城乡师资共享机制主要是基于城市教师对农村教育的支持。在该制度下,操作规程、规范上可能存在问题,教师流动主观随意性大。因此,中国应在吸收韩国城乡师资共享机制优势的基础上,及时总结出一套适合中国教育师资共享制度的操作程序,并出台相应的政策制度,实现均衡化教育,使师资流动更加制度化和规范化。

结　语

中韩比较视角下京津冀协同发展的建议

　　中韩两国虽然在国土面积、人口数量、民族构成等方面存在差别,但都是传统的东方国家,拥有源远流长的历史和文化。北京与首尔也都是古都,在各自国家具有特殊的政治地位和象征意义。天津与仁川都是海港城市,拥有海运码头和港口,第二产业比较发达。河北与京畿在各自首都圈内面积最大,自然和人力资源丰富,也是首都的"后花园"。因此,两国首都圈具有一定的相似性,能够进行比较研究。从地理、气候、地位、人口四个方面对自然条件进行考察,对比北京与首尔的建城历史。以经济情况、定都原因、城市功能三个方面回顾中韩两国首都的历史变迁,运用国际关系研究国别政治比较的理论框架,以历史唯物主义的方法论进行对比。借鉴世界上其他一些具有代表性的国家首都和首都圈情况,总结出首都功能的形成和发展、核心与非核心功能、功能聚集及其演变的过程,为对比中韩首都功能定位和疏解奠定基础。

　　通过对比,中韩两国首都功能定位的核心都是政治中心,随着安全、经济、文化、国际交往、教育等功能的聚集,首都出现了功能集中、产业拥挤、人口密度大和交通拥挤等诸多城市病,两国政府都认识到这一问题会阻碍首都和首都圈的发展,甚至对全国的政治和经济局势造成消极影响。中韩从科学的总体规划、合理的计划控制、适度的部门迁出、协同的新城建设、便捷的交通体系五个方面展开了非首都功能的疏解工作,这一过程中有些方面具有相似性,有经验可鉴。韩国建设了新首都世宗,并将行政功能从政治功能中剥离出来,大量的行政机构迁移到此。我国也建设了北京的"两翼",即位于北京通州的城市副中心和河北的雄安新区,不同于韩国的"迁都",北京仍是首都,但北京的市级行政机构外迁到城市副中心,而雄安新区则承接北京的非首都功能。此外,中韩首都圈建设方面有很多相同的地方,如顶层设计、政策连续性、统筹规划、法律体系构建等。

　　中韩两国政治制度不同,国情也有差别,首都发展和首都圈建设自然也有许多不同,在本书第一章至第五章的行文过程中,已经就这些进行了比较和论述。总体而言,两国最大的相异之处和产生的原因其实是一样的,那就是两国决策机制的不同。以阿尔蒙德的"体系—过程—政策"分析框架来看,我国决策机制:由征集民意开始、专家提出建议、领导调查研究、汇集意见、研究反馈,按民主集中制原则开会讨论,然后国家最高权力机构提出建议,最后通过法律制定和行政命令,由国家机关发布成为具体施政措施。这样的决策过程保证了效率和公平,"构建利益表达、利益综合的吸纳机制,加强整合社会的能力"[①]。这一点是我国应当坚持和维护的机制。韩国的决策机制是基于资本主义三权分立的结构,充满了政党恶斗和效率低下。李明博担任总统时期就曾经修改了卢武铉总统提出的世宗迁都案,想要放弃将行政机构迁走的计划,把世宗变成一个聚集企业和大学,以经济和教育功能为主的城市,后遭到强烈反对,甚至导致时任韩国总理的郑云灿公开请辞。

---

　　① 宋雄伟:《〈中国共产党党内监督条例〉政治功能分析——基于"体系—过程—政策"的解释框架》,《行政管理改革》,2017 年第 1 期。

不论是相似点，还是不同之处，对比中韩两国首都功能定位与首都圈建设是为了获取经验，面向未来，为今后我国的首都发展和首都圈建设提供样本和范例。本书在第五章中曾经提到，首都功能定位和首都圈建设实际上说的是一件事情，那就是首都圈的协同发展。因为只有首都功能的正确定位才能实现首都圈的协同发展，首都圈的协同发展是首都功能定位的最终目的。就此而言，作者对我国京津冀地区的发展提出了以下几点建议：

首先，坚持顶层设计、统筹兼顾、政府引导、多元主体的原则，对我国首都圈地区的协同工作进行协调。韩国在首都圈协同发展的过程中，没有仅仅局限在首都圈地区，而是放眼全国，进行均衡化发展，政府的顶层设计作用巨大。我国也应该由中央政府牵头，协调地方利益，不要将京津冀协同发展就局限在"两市一省"的范围，可以将环渤海地区和华北地区都统筹进来，形成大格局。可喜的是，山东省德州市已经被纳入京津冀协同发展战略，其他的地方也可以视具体条件放开准入。此外，政府做好顶层设计工作，还要积极引导，但不要大包大揽，经常性使用政府干预力量。不同于韩国，我国地方政府有严格的举债程序和手续，大多是土地财政，韩国地方政府债务水平则较低，大部分年份均在 5% 左右。如果一味以政府公权力推动建设，势必造成权力寻租和腐败现象，也会让政府背上沉重的包袱。因此，多元参与主体和市场力量非常关键。在京津冀协同发展的过程中，要积极鼓励社会主体参与其中，特别是企业、个人、公益组织等。在治理手段上，除行政方式外，也要兼顾经济手段和法律手段。

其次，优化域内产业结构，突出不同地区的个性优势，依据协同理论进行错位发展，增强发展主体相互之间的互补性。京津冀三地在产业结构上差异性非常显著，产业之间的互动性不强。北京的农业在产业结构中所占比例很小，主要还是以服务业为主，天津工业占比略高于服务业，河北则是工业占据优势地位，服务业尚待提高。三地需要进一步确定三大产业内部的详细分工，以便构建产业之间的关联、协作和融合。在此过程中，可以将产业结构升级换代与域内产业转移结合起来。北京要调整服务业的内部结构，重点发展现代、高端和智能服务业，把较为低端的服务业迁移到天津或河北，既能满足当地民众的需求，又能腾出更多空间来进行"高、精、尖"产业布局。首都圈内的其他城市可以建设一批技术园、产业园、休闲区、旅游区等，加快自身开发进度。京津冀三地还要看准机会，准确定位，进行错位发展。长期以来，由于三地之间产业结构的不同，导致发展阶段和水平也存在失衡问题，形成了北京比天津好，天津比河北好的局面，生产和生活要素呈现出明显的单向流动状态，特别是北京对各类资源的收纳能力在京津冀地区一枝独秀，"塌陷"效应明显。今后产业布局的工作重点要遏制这种情况的持续，着力突出和巩固城市自身的个性优势，做好基础设施和公共服务的建设，扭转要素的单向流动。

最后，充分利用优势资源，催动河北的后发能力和潜在力量，激发河北在京津冀协同发展中的作用。河北是京津冀区域内最落后的成员，但也是主要的资源供给地，还担当着首都"护城河"的角色。就京津冀三地而言，河北对待协同发展的态度最为积极。从环首都经济圈，到环渤海经济带，再到京津冀协同发展，只要是能搭上首都发展便车的机制或政策安排，河北都非常热情，但实际效果不如人意。事实上，河北与北京、天津的联系非常紧密。北京远郊的 8 个区在 1958 年分两次由河北划入首都管辖，天津则曾经数次成为河北的省会。虽然行政区划发生改变，但经济和社会联系不可割裂。这些都是河北可以充分利用的资源，加上河北自身拥有丰富的自然资源，如矿藏、河流、水利、人口等，在京津冀协同发展中，河北要摆正位置，不能妄自菲薄，而应该正确定位，发挥优势功能。例如，河北在京津冀三地中农业专业化程度较高，农业产业有相对优势，如果能够结合高端制造和物流产业，可以着重发展现代农业和乡村休闲，打造特色产业，实现跨越式发展。

参考文献

一、中文文献

（一）中文著作

1.《马克思恩格斯全集》(第 20 卷)，人民出版社，1998 年。

2.《马克思恩格斯全集》(第 31 卷)，人民出版社，1998 年。

3.《毛泽东选集》(第一卷)，人民出版社，1991 年。

4.《毛泽东文集》(第七卷)，人民出版社，1999 年。

5.《邓小平文选》(第二卷)，人民出版社，1994 年。

6.《邓小平文选》(第三卷)，人民出版社，1993 年。

7.《习近平谈治国理政》，外文出版社，2014 年。

8.《习近平谈治国理政》(第二卷)，外文出版社，2017 年。

9.《习近平谈治国理政》(第三卷)，外文出版社，2020 年。

10.《中共中央关于制定国民经济和社会发展第十四个五年规划和二〇三五年远景目标的建议》，人民出版社，2020 年。

11.《中国共产党第十九届中央委员会第五次全体会议公报》,人民出版社,2020 年。

12. 白易彬:《京津冀区域政府协作治理模式研究》,中国经济出版社,2017 年。

13. 蔡拓:《国际关系学》,南开大学出版社,2005 年。

14. 曹泳鑫:《马克思主义国际关系理论研究》,上海世纪出版集团,2009 年。

15. 曹中屏、张琏瑰等编著:《当代韩国史(1945—2000)》,南开大学出版社,2005 年。

16. 陈岳:《国际政治学概论》,中国人民大学出版社,2010 年。

17. 程又中等:《外国农村公共服务研究》,中国社会科学出版社,2011年。

18. 崔莲编著:《中国朝鲜学——韩国学工具书指南》,民族出版社,2011 年。

19. 邓伟志编著:《社会学辞典》,上海辞书出版社,2009 年。

20. 董嘉鹏:《城市整合营销》,经济管理出版社,2015 年。

21. 董向荣:《列国志·韩国》,社会科学文献出版社,2009 年。

22. 复旦大学韩国研究中心编:《韩国研究二十年(外交卷、政治卷)》,社会科学文献出版社,2012 年。

23. 顾朝林:《北京首都圈发展规划研究——建设世界城市的新视角》,科学出版社,2012 年。

24. 何盛明主编:《财经大辞典》,中国财政经济出版社,2013 年。

25. 胡宗山:《国际政治学基础》,华中师范大学出版社,2005 年。

26. 胡宗山:《政治学研究方法》,华中师范大学出版社,2007 年。

27. 景跃进、张小劲:《政治学原理》,中国人民大学出版社,2015 年。

28. 李爱华:《马克思主义国际理论专题研究》,人民出版社,2013 年。

29. 李国平主编:《2019 京津冀协同发展报告》,科学出版社,2019 年。

30. 李慎明主编:《马克思主义国际问题基本原理》(三卷本),社会科学文献出版社,2013 年。

31. 连玉明:《京津冀协同发展:新理念新战略新模式》,当代中国出版社,2017 年。

32. 连玉明编:《面向未来的京津冀世界级城市群》,当代中国出版社,2016 年。

33. 梁景和主编:《京津冀协同发展研究》,首都师范大学出版社,2018 年。

34. 刘瑞等:《京津冀协同发展背景下的首都经济结构调整路线图》,经济管理出版社,2016 年。

35. 刘瑞主编:《首都经济圈结构调整的国际比较》,中国人民大学出版社,2017 年。

36. 刘晓鹰等:《中韩区域经济发展与农村城镇化研究》,民族出版社,2010 年。

37. 倪世雄等:《当代西方国际关系理论》,复旦大学出版社,2001 年。

38. 牛林杰、刘宝全主编:《韩国发展报告(2005—2013)》,社会科学文献出版社,2013 年。

39. 彭兴业:《首都城市功能研究》,北京大学出版社,2000 年。

40. 朴键一、朴光姬主编:《中韩关系与东北亚经济共同体》,中国社会科学出版社,2006 年。

41. 朴键一:《中国周边安全环境与朝鲜半岛问题》,中央民族大学出版社,2013 年。

42. 朴键一等:《韩国总统李明博》,红旗出版社,2008 年。

43. 朴真奭、姜孟山、朴文一、金光洙、高敬洙:《朝鲜简史》,延边大学出版社,1998 年。

44.齐子翔:《京津冀协同发展机制设计》,社会科学文献出版社,2015 年。

45.宋秀琚:《国际合作理论:批判与建构》,世界知识出版社,2006 年。

46.宋有成:《中韩关系史(现代卷)》,社会科学文献出版社,2014 年。

47.孙久文:《京津冀协同发展的重点任务与推进路径研究》,北京教育出版社,2018 年。

48.天津市科学学研究所京津冀协同创新研究组:《京津冀协同创新共同体:从理念到战略》,知识产权出版社,2018 年。

49.田学斌等:《京津冀产业协同发展研究》,中国社会科学出版社,2019 年。

50.王沪宁:《政治的逻辑:马克思主义政治学原理》,上海人民出版社,2004 年。

51.王军编著:《政治科学研究方法导论》,科学出版社,2009 年。

52.王浦劬:《政治学基础》,北京大学出版社,2014 年。

53.王正毅:《国际政治经济学通论》,北京大学出版社,2010 年。

54.文君:《公共外交与人文交流案例》(第 1 辑),世界知识出版社,2013 年。

55.闻竞:《价值观教育与素质培育:形势与政策课程体系建设研究》,光明日报出版社,2016 年。

56.武义青等:《聚焦京津冀协同发展》,中国社会科学出版社,2019 年。

57.亚洲开发银行技术援助项目 9042 咨询专家组:《京津冀协同发展研究》,中国财政经济出版社,2018 年。

58.阎庆民:《京津冀区域协同发展研究》,中国金融出版社,2017 年。

59.阎学通、孙学峰:《国际关系研究实用方法》,人民出版社,2007 年。

60. 燕继荣:《政治学十五讲》,北京大学出版社,2004 年。

61. 杨光斌:《政治学导论》,中国人民大学出版社,2011 年。

62. 张可云:《疏解北京非首都功能研究》,经济科学出版社,2019 年。

63. 张雷声、董正平:《马克思主义政治经济学原理》,中国人民大学出版社,2015 年。

64. 张宇燕主编:《习近平新时代中国特色社会主义外交思想研究》,中国社会科学出版社,2019 年。

65. 张中云等:《马克思主义国际政治理论发展史研究》,重庆出版集团,2011 年。

66. 赵弘:《京津冀协同创新的战略与路径》,北京教育出版社,2018 年。

67. 郑判龙、金东勋主编:《简明韩国百科全书》,黑龙江朝鲜民族出版社,1999 年。

68. 中国社会科学院语言研究所词典编辑室:《现代汉语词典》,商务印书馆,2016 年。

(二)外文译著

1. [韩]复合型行政中心城市建设推进委员会、复合型行政中心城市建设厅编:《韩国首尔迁都规划竞赛作品集》,武凤文等译,中国建筑工业出版社,2010 年。

2. [韩]高丽大学校韩国史研究室:《新编韩国史》,孙科志译,山东大学出版社,2010 年。

3. [韩]姜万吉:《韩国现代史》,陈文寿、金英姬、金学贤译,社会科学文献出版社,1997 年。

4. [韩]金文朝:《韩国社会的两极化》,张海东等译,社会科学文献出版社,2014 年。

5. [韩]李基白:《韩国史新论》,厉帆译,厉以平译校,国际文化出版公司,1994年。

6.[韩]朴燮等:《中韩区域经济发展与农村城镇化研究》,民族出版社,2010年。

7.[韩]朴振焕:《韩国新村运动——20世纪70年代韩国农村现代化之路》,潘伟光等译,中国农业出版社,2005年。

8.[加拿大]罗伯特·杰克逊、[丹]乔格·索伦森:《国际关系学理论与方法》(第4版),吴勇、宋德星译,中国人民大学出版社,2012年。

9.[美]彼得·卡尔·克拉索:《全球城市竞争力报告(2009—2010)》,社会科学文献出版社,2010年。

10.[美]布鲁斯·拉西特、哈维·斯塔尔:《世界政治》(第5版),王玉珍等译,华夏出版社,2001年。

11.[美]加布里埃尔·A.阿尔蒙德等:《当代比较政治学:世界视野(第八版 更新版)》,杨红伟等译,上海人民出版社,2010年。

12.[美]罗伯特·A.达尔等:《现代政治分析(第六版)》,吴勇译,中国人民大学出版社,2012年。

13.[美]迈克尔·罗斯金等:《政治科学》(第九版),林震等译,中国人民大学出版社,2009年。

14.[美]南茜·弗雷泽:《正义的尺度——全球化世界中政治空间的再认识》,欧阳英译,周穗明校,上海人民出版社,2009年。

15.[美]詹姆斯·多尔蒂、小罗伯特·普法尔茨格拉夫:《争论中的国际关系理论》第5版,阎学通、陈寒溪等译,世界知识出版社,2003年。

16.[日]金子将史、北野充主编:《公共外交:"舆论时代"的外交战略》,《公共外交》翻译组译,刘江永审计,外语教学与研究出版社,2010年。

17.[日]木内信藏:《都市地理学研究》,古今书院,1951年。

（三）报刊文献

1. 习近平：《坚持和完善中国特色社会主义制度推进国家治理体系和治理能力现代化》，《求是》，2020 年第 1 期。

2. 安树伟、肖金成：《京津冀协同发展：北京的"困境"与河北的"角色"》，《广东社会科学》，2015 年第 4 期。

3. 薄文广、陈飞：《京津冀协同发展：挑战与困境》，《南开学报》（哲学社会科学版），2015 年第 1 期。

4. 薄文广、周立群：《长三角区域一体化的经验借鉴及对京津冀协同发展的启示》，《城市》，2014 年第 5 期。

5. 蔡玉梅、李景玉：《韩国首都圈综合计划转变及启示》，《国土资源》，2008 年第 3 期。

6. 蔡玉梅等：《韩国首都圈发展规划的演变与启示》，《华北国土资源》，2014 年第 5 期。

7. 蔡玉梅等：《巧划"圈"找准"点"——韩国首都圈发展规划的演变与启示》，《资源导刊》，2014 年第 6 期。

8. 曾怡仁、吴政嵘：《密特兰尼的功能主义国际关系理论——一种比较的观点》，《台湾国际研究季刊》，2009 年第 4 期。

9. 常艳：《日本首都圈的规划建设对京津冀协同发展的启示》，《经济研究参考》，2014 年第 59 期。

10. 程恩富、王新建：《京津冀协同发展：演进、现状与对策》，《管理学刊》，2015 年第 1 期。

11. 董顺擘：《对天津在首都圈发展中的建议——基于日本横滨与韩国仁川在首都圈发展中的经验》，《城市》，2015 年第 5 期。

12. 董微微：《首都圈发展模式与门户城市作用的国际比较》，《当代经济管理》，2015 年第 8 期。

13. 董微微等:《中日韩首都圈发展模式比较与启示》,《理论界》,2015年第7期。

14. 傅林祥:《中国古代"首都圈"是如何设置与管理的》,《人才资源开发》,2018年第3期。

15. 郭梦莹:《天津自贸区建设与京津冀协同发展》,《合作经济与科技》,2015年第5期。

16. 郭彦卿等:《京津冀协同发展与首尔都市圈经验借鉴》,《城市》,2016年第3期。

17. 江曼琦、唐茂华:《北京—天津与首尔—仁川产业结构与效率比较及其启示》,《城市发展研究》,2005年第6期。

18. 江曼琦、唐茂华:《韩国首都圈建设中的政府作用及其对京津合作发展的启示》,《东北亚论坛》,2007年第5期。

19. 金浩、隋蒙蒙:《京津冀协同发展过程中河北省产业承接力研究》,《河北工业大学学报》(社会科学版),2015年第1期。

20. 金钟范:《韩国控制首都圈规模膨胀之经验与启示》,《城市规划》,2002年第5期。

21. 李汉卿:《协同治理理论探析》,《理论月刊》,2014年第1期。

22. 李琳、刘莹:《中国区域经济协同发展的驱动因素——基于哈肯模型的分阶段实证研究》,《地理研究》,2014年第9期。

23. 李路曲:《国家间的可比性与不可比性分析》,《政治学研究》,2020年第5期。

24. 连玉明:《试论京津冀协同发展的顶层设计》,《中国特色社会主义研究》,2014年第4期。

25. 刘传、肖琳:《首尔城市群发展对京津冀的启示》,《中国集体经济》,2019年第14期。

26. 刘海飞:《北京解放一周年纪念活动回眸》,《北京党史》,2011 年第2 期。

27. 刘敏、王海平:《京津冀协同发展体制机制研究——基于世界六大城市群的经验借鉴》,《现代管理科学》,2014 年第 12 期。

28. 刘勇、姚舒扬:《文化认同与京津冀协同发展》,《北京联合大学学报》(人文社会科学版),2014 年第 3 期。

29. 柳天恩:《京津冀协同发展:困境与出路》,《中国流通经济》,2015 年第 4 期。

30. 马俊炯:《京津冀协同发展产业合作路径研究》,《调研世界》,2015 年第 4 期。

31. 倪建中:《新中国定都北京前后》,《神州》,2004 年第 4 期。

32. 彭兴业:《面向新世纪的首都城市功能定位与展望》,《中国特色社会主义研究》,2000 年第 4 期。

33. 朴英爱、张帆:《韩国首都圈大气污染治理对策及对我国的启示》,《环境保护》,2015 年第 24 期。

34. 邵玉姿:《雄安新区鼓励企业创新发展——对研发关键共性技术单位给予最高不超过 500 万元补贴》,《人民日报》,2021 年 3 月 22 日。

35. 申润秀等:《首尔首都圈重组规划解析》,《城市与区域规划研究》,2012 年第 1 期。

36. 申予荣:《1953 年〈改建与扩建北京市规划草案要点〉编制始末》,《北京规划建设》,2002 年第 3 期。

37. 四建磊:《坚决当好首都政治"护城河"以河北之稳拱卫首都安全》,《河北日报》,2018 年 1 月 5 日。

38. 宋雄伟:《〈中国共产党党内监督条例〉政治功能分析——基于"体系—过程—政策"的解释框架》,《行政管理改革》,2017 年第 1 期。

39. 苏黎馨、冯长春:《京津冀区域协同治理与国外大都市区比较研究》,《地理科学进展》,2019 年第 1 期。

40. 孙芳等:《京津冀农业协同发展区域比较优势分析》,《中国农业资源与区划》,2015 年第 1 期。

41. 孙久文、李坚未:《京津冀协同发展的影响因素与未来展望》,《河北学刊》,2015 年第 4 期。

42. 孙久文、原倩:《京津冀协同发展战略的比较和演进重点》,《经济社会体制比较》,2014 年第 5 期。

43. 谭成文、杨开忠、谭遂:《中国首都圈的概念与划分》,《地理学与国土研究》,2000 年第 4 期。

44. 田香兰:《韩国首都圈的协同发展》,《中国社会科学报》,2014 年 8 月 13 日。

45. 汪芳、王晓洁、崔友琼:《韩国首都功能疏解研究——从三个空间层次分析韩国世宗特别自治市规划》,《现代城市研究》,2016 年第 2 期。

46. 王得新:《我国区域协同发展的协同学分析——兼论京津冀协同发展》,《河北经贸大学学报》,2016 年第 3 期。

47. 王继源等:《京津冀协同发展下北京市人口调控:产业疏解带动人口疏解》,《中国人口·资源与环境》,2015 年第 10 期。

48. 王建廷、黄莉:《京津冀协同发展的动力与动力机制》,《城市发展研究》,2015 年第 5 期。

49. 王凯、周密:《日本首都圈协同发展及对京津冀都市圈发展的启示》,《现代日本经济》,2015 年第 1 期。

50. 王长江:《政治研究中的比较借鉴问题》,《北大政治学评论》,2020 年第 1 期。

51. 王中和:《以交通一体化推进京津冀协同发展》,《宏观经济管理》,

2015 年第 7 期。

52.魏丽华:《国内两大城市群市场协同的比较与分析——京津冀与沪苏浙》,《软科学》,2016 年第 9 期。

53.文魁:《京津冀大棋局——京津冀协同发展的战略思考》,《经济与管理》,2014 年第 6 期。

54.闻竞:《构建"有权不任性"的保障机制探析》,《中国领导科学》,2016 年第 4 期。

55.闻竞:《运用〈矛盾论〉解读新时代中国特色大国外交》,《新疆社科论坛》,2019 年第 5 期。

56.闻竞:《中华文化如何在国际舞台重放光彩》,《人民论坛》,2019 年第 23 期。

57.乌兰图雅:《京津冀协同发展与日本的经验——以首都圈规划为中心》,《东北亚学刊》,2015 年第 3 期。

58.杨龙、胡世文:《大都市区治理背景下的京津冀协同发展》,《中国行政管理》,2015 年第 9 期。

59.姚计海:《"文献法"是研究方法吗——兼谈研究整合法》,《国家教育行政学院学报》,2017 年第 7 期。

60.尹德挺、史毅:《人口分布、增长极与世界级城市群孵化——基于美国东北部城市群和京津冀城市群的比较》,《人口研究》,2016 年第 6 期。

61.袁方主编:《社会研究方法教程》(重排本),北京大学出版社,2014 年。

62.臧秀清:《京津冀协同发展中的利益分配问题研究》,《河北学刊》,2015 年第 1 期。

63.张贵等:《京津冀协同发展研究现状与展望》,《城市与环境研究》,2015 年第 1 期。

64. 张可云、蔡之兵:《京津冀协同发展历程、制约因素及未来方向》,《河北学刊》,2014 年第 6 期。

65. 张可云、董静媚:《首尔疏解策略及其对北京疏解非首都功能的启示》,《中国流通经济》,2015 年第 11 期。

66. 张可云、沈洁:《疏解首都科技创新功能可行吗? ——韩国的经验及其对北京的启示》,《北京社会科学》,2016 年第 3 期。

67. 张彦华:《非首都核心功能疏解的韩国经验与启示》,《韩国研究论丛》,2017 年第二辑。

68. 张玉棉等:《京津冀城市分工与布局协同发展研究——基于日本首都圈的经验》,《日本问题研究》,2015 年第 1 期。

69. 张云泽、常燕:《河北省承接京津地区产业转移的对策研究》,《产业与科技论坛》,2008 年第 6 期。

70. 赵弘:《北京大城市病治理与京津冀协同发展》,《经济与管理》,2014 年第 3 期。

71. 赵弘:《京津冀协同发展的核心和关键问题》,《中国流通经济》,2014 年第 12 期。

72. 郑春勇、虞盛军:《韩国首都圈产业向地方转移过程中的政府作用及启示》,《理论导刊》,2015 年第 4 期。

73. 郑军、黄一彦:《韩国首都圈大气环境管理基本计划的分析与启示》,《环境保护》,2016 年第 17 期。

74. 周立群、曹知修:《京津冀协同发展开启经济一体化新路径》,《中共天津市委党校学报》,2014 年第 4 期。

75. 朱明:《奥斯曼时期的巴黎城市改造和城市化》,《世界历史》,2011 年第 3 期。

76. 祝尔娟、何晶彦:《京津冀协同发展指数研究》,《河北大学学报》(哲学社会科学版),2016 年第 3 期。

（四）网络资料

1.《2019 年图解京津冀关键数据》,京津冀协同发展数据库,https://www.jingjinjicn.com/.

2.《北京气候特点》,中国气象局,http://www.cma.gov.cn/.

3.《滨海概况》,天津市滨海新区人民政府,http://www.tjbh.gov.cn/.

4.《关于北京市 2019 年国民经济和社会发展计划执行情况与 2020 年国民经济和社会发展计划的报告》,北京市发展和改革委员会,http://fgw.beijing.gov.cn/.

5.《河北雄安新区规划纲要》,中国雄安官网,http://www.xiongan.gov.cn/.

6.《京津冀动态》,京津冀协同发展联合创新中心,https://icjcd.pku.edu.cn/.

7.《京津冀协同发展》,北京市人民政府,http://www.beijing.gov.cn/.

8.《开辟高质量发展的光明前景——以习近平同志为核心的党中央谋划推动京津冀协同发展五周年纪实》,新华网,http://www.xinhuanet.com/.

9.《习近平考察杭州湿地保护利用和城市治理情况》,中华人民共和国中央人民政府,http://www.gov.cn/.

10.《中华人民共和国 2019 年国民经济和社会发展统计公报》,国家统计局,http://www.stats.gov.cn/.

11.《走进河北》,河北省人民政府,http://www.hebei.gov.cn/.

12.北京市第六次人口普查办公室:《北京市常住人口地区分布特点》,北京统计信息网,http://www.bjstats.gov.cn/.

13.北京统计年鉴 2020:《按客源地分入境游客人数(1978—2019)》,北京市统计局,http://nj.tjj.beijing.gov.cn/.

14. 科技情报室:《非首都职功能疏解,韩国首都圈是怎么做的》,规划云,http://www.guihuayun.com/.

15. 天津政务网:《经济发展概况》,天津市人民政府,http://www.tj.gov.cn/.

16. 中宏国研信息技术研究院:《非首都功能疏解以及协同发展的国际经验及启示》,中国经济形势报告网,http://www.china－cer.com.cn/.

二、外文文献

（一）著作

1. Chan, Stephen, *Meditations on Diplamacy: Comparative Cases in Diplomatic Practice and Foreign Policy*, E－International Relations Publishing, 2017.

2. Denscombe, Martyn, *Research Proposals: A pratical guide*, Open University Press, 2012.

3. Griffiths, Martin, *International Relations Theory for the Twenty－First Century: An introduction*, Taylor & Francis e－Library, 2007.

4. Hobson, John M, *The State and International Relations*, Cambridge University Press, 2000.

5. Jung, Hee－Yun, *Seoul Metropolitan Region: Growth Patterns and Policy Agenda*, Seoul Development Institute (SDI), 2004.

6. King, Gary, Robert O. Keohane& Sidney Verba, *Designing Social Inquiry: Scientific Inference in Qualitative Research*, Princeton University Press, 1994.

7. Laferrière, Eric. and Peter J. Stoett, *International Relations Theory and Ecological Thought: Towards a synthesis*, Taylor & Francis e－Library, 2004.

8. McGlinchey, Stephen, *International Relations*, E－International Relations

Publishing, 2017.

9. McGlinchey, Stephen, Rosie Walters and Christian Scheinpflug, *International Relations Theory*, E – International Relations Publishing, 2017.

10. Song, Byung – nak. *The Rise of the Korean Economy*, Oxford University Press, 2003.

11. Seib, Philip. *Toward A New Public Diplomacy: Redirecting U. S. Foreign Policy*, New York: St. Martin's Press LLC, 2009.

12. Shilliam, Robbie, *International Relations and Non – Western Thought: Imperialism, colonialism and investigations of global modernity"*, Taylor & Francis e – Library, 2010.

13. UN, ESCAP, *The Future of Asian & Pacific Cities: Transformative Pathways Towards Sustainable Urban Development*, United Nations Publication, 2019.

14. Wang, Jian, *Soft Power In China: Public Diplomacy through Communication"*, St. Martin's Press LLC, 2011.

15. 이원섭, 『수도권 과밀 해소와 지방 육성 방안』, 국토연구원, 2000년.

16. 박상우, 『수도권 집중된 사회경제적 영향 연구』, 국토연구원, 2001년.

17. 이동우, 『수도권 규제 현황 및 향후 정책 방향 검토』, 국토연구원, 2001년.

18. 김태환, 『수도권 집중요인 분석 및 기능분산 방안 연구』, 국토연구원, 2003년.

19. 권태항·윤일성·장세훈, 『한국의 도시화와 도시문제』, 바다 출판사, 2006년.

20. 서울시정개발연구원, 『2020년 서울도시기본계획』, 서울특별

시, 2006 년 4 월.

21. 김지연, 『제 60 회 2020 서울통계연보』, 서울특별시, 2020 년 12 월.

（二）报刊文献

1. J. ,Gerring, What in a Case Study and What Is It Good for? ,*American Political Science Review* ,Vol. 98 ,No. 4 ,2004.

2. Kim ,Kwang Sik. & John Dickey, Role of urban governance in the process of bus system reform in Seoul, *Habitat international* ,Vol. 30 ,No. 4 ,2006.

3. Lee, Sang – Hyun & Baik, Jong – Jin ,Statistical and dynamical charac- teristics of the urban heat island intensity in Seoul, *Theoretical and Applied Clima- tology* ,vol. 100 ,2010.

4. 장세훈, 「수도권 문제, 집중과 확산의 동력학: 행정수도 건설 문제 중심으로」, 『경제와 사회』, 2003 년 제 60 호.

5. 임경수•고병호, 「동북아 3 국(한•중•일)의수도권 공간 정책 비교연구——국가경쟁력을 중심으로」, 『한국도시행정학회 도시 행정학보』, 2006 년 제 19 집 제 1 호.

6. Hu, Jaewan, 「수도권-비수도권 동반발전을 위한 정책방향에 관한 소고」, 『수도권연구』, 제 5 호.

7. 서문성, 「인천항의 동북아시아 및 수도권물류 복합화 네트워 크화 중심지 전략에 관한 연구」, 『한국항만경제학회지』, 제 27 집 제 4 호.

8. 기경량, 「고국원왕대 '平壤東黃城'의 위치와 移居 기록의 성 격」, 『한국학연구 제 57 집』, 2020 년 5 월.

（三）网络资料

1. Bernet ,Anatole, *"Pourquoi Pairs s'appelle Paris?"* ,Le 19 mars 2017, ht-

tps：∥www. bfmtv. com/.

2. *About Brasilia*, Internet Archive, https：∥web. archive. org/.

3. *Aprenez la signification du nom des villes de France*, linternaute, https：∥
www. linternaute. com/.

4. *The Global Liveability Index* 2019, The Economist Intelligence Unit, ht-
tps：∥www. eiu. com/.

5.『MOLIT 통계 시스템』,국토교통부, https：∥stat. molit. go. kr/portal/
main/portalMain. do/.

6.『행정 구역 변경』,서울특별시,https：∥www. seoul. go. kr/main/index.
jsp/.

7.『일반 상태』, 인천광역시,https：∥www. incheon. go. kr/index/.

8.『경기도 경제에 대하여』,경기도 정부,https：∥www. gg. go. kr/.

9.『전망』, 세종특별자치시,https：∥www. sejong. go. kr/index. jsp/.

10.『IFEZ』, 인천경제자유구역,http：∥www. ifez. go. kr/.

11.『2019 년 인구 및 주택 센서스』, 통계청,http：∥kostat. go. kr/.

12. 장남종,『서울 뉴타운 프로젝트』, 서울 정책아카이브에, ht-
tps：∥seoulsolution. kr/.

13. 이영규·심진경·안영이·신은영·윤지선,『수도권 [首都圈] 』,
네이버 지식백과,https：∥terms. naver. com/.

14. 강은지,『110 일만에 서울-충청 ‘나쁨’… ‘초미세먼지 습,
격’ 시작되나』, 동아닷컴,https：∥www. donga. com/.

15.『서울이 조선시대의 수도로 정해지게 된 이유는 무엇일까？』,
서울 역사 박물관,https：∥museum. seoul. go. kr/.

后 记

2021 年 6 月,作为 20 世纪 80 年代的"新一辈",年近不惑的我从中国社会科学院研究生院博士毕业。我时常感叹韶华易逝,青春不再,但仔细想想,青春一直是与我为伴的。小学、初中、高中、大学、硕士研究生、博士研究生,连同我的工作单位河北农业大学,迄今为止,我所有的人生经历都在校园之中,一刻也不曾离开过。那满山桂花开遍、香味四溢的华中师大;灵雨寺旁、乐凯南边的河北农大;广阳城里、高教园区的社科院研究生院。这样的人生还有什么不满足呢? 从 2009 年工作至今,近 13 年的时间,磨去的是一个人的轻狂和自大,收获的是成熟与稳重,这不就是青春吗?

因此,我决意将这青春中的重要一环用文字记录下来,付印出版,这就是本书的来源。其实,在博士就读期间,我的导师朴键一老师就建议我能够结合河北的特色,以国际关系的研究视角做一做比较研究。非常庆幸,我生在了一个伟大的时代,经济、社会、科技都处于突飞猛进的发展之中,中华民族正在走向伟大的复兴,我所工作和生活的河北地区被纳入京津冀协同发展和雄安新区建设的国家大战略之中,这就为不同国家类似开发战略和政策的比较提供了绝佳的视角。韩国作为中国一衣带水的邻邦,也同为儒家文化圈国家,与我们在许多方面具有相似性,特别是首尔、仁川和京畿道同北京、天津和河北省之间,它们在地理位置、气候、物产、山川形胜、历史、文化等方面都具有一定的可比性。因此,出于这样的想法和预期,我开始了博士论文的写作,虽然过程复杂而艰辛,但最终的结果还不错,当然,不足也还是有很多的。

在博士论文的基础上,经过修改,本书得以出版。在这里,我要特别感谢天津人民出版社的武建臣编辑,他的辛勤劳动和悉心指导成就了本书。此外,我的导师朴键一老师在我博士学习和论文写作期间给予我大量帮助,从生活、学习,乃至人生,都让我获益良多。最后,我的家庭在我背后默默支持着我,父母为我操劳,妻子多年来操持家务,女儿闻悦伊听话懂事。这些都是我博士得以顺利毕业,也是本书能够出版发行的重要原因。

以国际关系视角来研究国别问题并不是什么新近的创举,区域国别学也好,国别区域学也罢,都是在发展中逐步壮大的,因此,本书的一些观点、材料难免会引起质疑或争论,在此,作者文责自负,也敬请各位同行批评指正!

闻竞
2023 年 1 月于武汉青石桥